내 안의
나를
　　찾는 길

내 안의 나를 찾는 길

초판 1쇄 발행 2022년 6월 10일

지은이 박문신
펴낸이 장길수
펴낸곳 지식과감성#
출판등록 제2012-000081호

교정 김지연, 한지현
디자인 정한나
편집 정한나
검수 양수진
마케팅 고은빛, 정연우

주소 서울시 금천구 벚꽃로298 대륭포스트타워6차 1212호
전화 070-4651-3730~4
팩스 070-4325-7006
이메일 ksbookup@naver.com
홈페이지 www.knsbookup.com

ISBN 979-11-392-0509-1(03810)
값 15,000원

• 이 책의 판권은 지은이에게 있습니다.
• 이 책 내용의 전부 또는 일부를 재사용하려면 반드시 지은이의 서면 동의를 받아야 합니다.
• 잘못된 책은 구입하신 곳에서 바꾸어 드립니다.

지식과감성#
홈페이지 바로가기

박문신 산문집

내 안의
나를
찾는 길

지혜와감정

CONTENTS

책머리에   8

I. 내 삶의 새로운 각오

역동성 있는 나의 삶	12
긍정적인 마음의 힘	17
나의 정체성과 천당	21
의리 있는 사람의 모습	25
공감이 지닌 폭력성	29
갈대의 마음	34
마음 조이기의 병폐	38
자격지심의 변(辯)	42
선물에 담은 의미	46
인생의 끝물이란 생각	51
삶을 포기하는 이유	55
죽음에 대한 트라우마	60
내 안의 참 행복	65
마음의 풍차	67

II. 내 안의 나를 찾는 길

인간의 양면성	70
나이 듦의 미학	74
내가 부러운 사람들	78
감동을 주는 사람들	84
내가 다시 태어난다면	90
내 삶의 버킷리스트	94
노인의 외출복 문제	98
친구에게 전화하기	102
올림픽 영웅들을 보고	106
나의 애국심은…?	109
가을에 띄우는 편지	113
그녀는 살아있는지…? (1)	118
그녀는 살아있는지…? (2)	124
그녀는 살아있는지…? (3)	128
그녀는 살아있는지…? (4)	132
화물차(곳간차)의 추억	136

III. 오늘의 지혜로운 일상

신록의 계절	142
잦은 비와 텃밭 농사	146
오이지의 참맛	150
가을을 또 맞으며	153
가을 숲 산책	156
가을의 실종	159
폭설, 눈보라의 추억	161
매일매일 집 안 청소	167
겨울나기의 지혜	170
노포(老鋪) 음식점의 실상	175
물가 폭등에 대한 마음가짐	180
부동산 투기의 폐해	182

Ⅳ. 건강한 삶과 가족

잡초처럼 살아가는 길	188
노화를 늦추는 삶	192
내 일상의 무리한 삶	197
까탈스러운 입맛	201
수돗물의 고마움과 건강	205
장맛비와 물고기	210
삼계탕의 참맛	214
멍 때리기를 해 보면	217
층간 소음의 딜레마	220
운전면허증 갱신하고…	225
손녀딸의 글짓기대상	228
손자의 사춘기	230
손자의 외대부고합격	234
설 연휴를 보내고	237
코로나와 노인의 생명	240

책머리에

　세상은 바야흐로 인공지능(AI)을 위주로 한 4차 산업 혁명의 대전환기를 맞이하고 있습니다. 이에 맞추어 개인도 자기변혁의 혁신이 그 어느 때보다도 절실히 필요한 때라고 강조하고 싶습니다. 무엇보다도 내 안의 나를 찾는 성찰(省察)의 기회를 통해 현재보다는 더 나은 나를 만들어나가야 합니다. 아울러 좀 더 가치 있는 삶을 유지, 발전시키기 위해 도전이라는 명제를 거울로 삼아야 하겠습니다. 지금이야말로 한 번 더 새로운 삶의 방향과 지침을 설계하고, 오늘의 삶을 업그레이드해야 할 시기라 하겠습니다.

　누구에게도 기적(miracle)과 행운(幸運)이 느닷없이 다가올 수는 없습니다. 어느 철학교수의 말처럼 "기적과 행운도 노력의 결과이지 우연히 찾아올 수는 없다."는 주장에 전적으로 동의합니다. 인생 말기에 들어서도 끊임없이 자신의 새로운 가치 창조를 위해 노력하면, 큰 바위는 못 되더라도 작은 조약돌을 낳는 기적은 만날 수 있다는 것입니다. 그 조약돌이 보잘것없어도 매일매일 정성 들여 갈고 닦아 빛을 내면, 마침내는 금빛 나는 보석(寶石)이 될 수 있다고 생각합니다.

　사람은 살아간다는 것 자체가 행복이고, 살아있다는 현실이 바로 행복이기도 합니다. 아무리 살기 힘들고 어렵더라도 절망은 하지 말고 살아가야 합니다. 내가 처한 지금의 난관이 기어오를 수 없는 절벽이라도 뒤돌아 가거나 포기해서는 절대로 안 됩니다. 새로운 삶의 시작은 항상 내 자신이 만들고 일취월장(日就月將)의 힘을 낼 수 있는 것도 바로 나입니다. 누가 뭐라 해도, 조금은 도도하고 나답게, 나잇값을 제대로 하며, 노인답고 사람답게, 감사하고 사랑하면서 여생을 즐길 수 있어야 합니다.

 노화(老化)와 노쇠(老衰)는 거역할 수 없는 자연의 순리입니다. 내 인생이 끝물이라고 생각하면 나는 퇴물이 되고 마는 것입니다. 내가 나를 책하고 자학의 그늘에 빠져 벽을 만들면, 긍정의 힘은 오간 데 없고 모든 것이 부정의 장막에 갇히고 맙니다. 갈대의 마음이라든가, 나만 못났다는 자격지심이나 걱정, 고민, 마음 조이기 등은 모두 쓰레기처럼 버리고 새로 시작한다면, 내게도 절망의 벽을 극복할 수 있는 새로운 출로(出路)가 활짝 열릴 것입니다.

 노년의 삶도 앞으로의 마음가짐에 따라 생명은 순연되고 환희와 보람도 함께할 수 있다고 생각합니다. 모두들 내려놓고 비우고 살라고 합니다. 이게 말처럼 그렇게 쉬운 일이 아닙니다. 욕심을 내려놓으라는 것일 뿐 내가 하고 싶은 일, 해야 할 일을 내려놓으라는 것은 절대 아닐 것입니다. 내가 지금 비교적 남보다 건강하게 살고 있는데, 나의 삶에 늦었다는 생각은 잊어버리려고 합니다. 아울러 내 안의 나를 찾아 활기를 힘껏 돋우고, 내 삶의 버킷리스트를 작성하여 이를 꼼꼼히 실천해나가도록 하겠습니다.

 오늘과 내일이 비록 내 삶의 마무리 단계라 하더라도 나의 행복하고 즐거운 삶은 도도히 이어질 것입니다.

2022년 5월
박문신

I.
내 삶의 새로운 각오

역동성 있는 나의 삶

역동성(力動性, dynamic)이라 함은 '힘차고 활발하게 움직이는 성질'이라고 한다. 내 나이 80이 한참 지난 지금 이 처지에, 노인에게 이런 역동성이 마음속에 넘칠 리는 없고 남아있는 역동성마저 모두 사라질 위기(危機)에 놓여있다고 하면 부인하기 어렵다. 진실로 내 인생의 끝이 얼마 남지 않은 것 또한 엄연한 현실이다. 나로선 그저 자연의 순리대로, 이치에 알맞게, 남들이 그런대로 수긍해줄 정도에서… '내 능력껏 무리함이 없이 적당히 살아가면 된다.'는 생각이 내 머릿속을 가득 지배하기도 한다.

사실 이 나이, 이 몸에 '주제넘게 역동성은 무슨 역동성이냐, 어울리지 않는다.'라는 일반론을 한마디로 떨쳐내지 못한다. 이러한 역동성에 대한 불가론은 노인의 정도(正道)에 어긋나지 않은 나름대로의 현실을 감안한 '바른 소리'의 조언(助言)일 수도 있다. 실제로 건강 정보에 앞서 나가는 의사나 존경받고 있는 원로 종교인도, 유명한 철학자도, "노인은 평소에 너무 무리해서는 건강에 좋을 것이 하나도 없다."고 '적당한 선의 유지'를 강조하고 있다.

그렇다. 살아가면서 내 스스로의 진정한 체험적 느낌은, 그 선의 한

계와 고통의 수반을 뚜렷하게 경험한다. 지금까지 살아보니 60대와 70대, 70대 중반 이후 그리고 80대 이후에는 각기 현격한 신체 각 부문의 전반적인 약화와 그 차이를 실감한다. 신체적인 노화는 물론이려니와 이에 따라 정신적인 약화도 이어짐을 피할 수 없다. 그게 삶의 순리이고 어쩔 수 없는 삶의 정상적인 궤도이기도 하다. 물론 이러한 자신의 정신적, 육체적 노화는 주변의 환경, 가족 관계, 경제적 사정의 좋고 나쁨과도 밀접한 연관을 맺는다.

그러나 노인의 삶은 이렇게 노화된 삶에 자기도 모르게 편안한 안주(安住)를 습성화시키고 있다는 게 문제이다. 물론 현실의 안주를 도모하는 소극적인 삶과는 달리, 역동성이라는 주제에 적극적인 사람들도 많기는 하다. 그러니까 노년의 삶이라도 나이가 깊어 갈수록 침체된 노화의 주기를 벗어나 새로운 삶의 활력소를 찾아 나서는가 하면, 이를 빈틈없이 실천해 나가는 역동적인 삶의 방식을 말한다. 여기에는 늘 극기와 오기로, 또는 새로운 사고로 점철된 실천 강령을 철저히 수행하면서, 건강도 좋아지고 행복감마저 느끼며 삶의 '만족도'를 만끽하는 혁신적인 사람도 수없이 많다는 것 또한 사실이다.

사실 노년의 말기에서 안주할 수 있다는 것 자체만으로도 어떻게 보면 다행이고 복(福)이라고 평하며 자위할 수도 있다. 안주하지 못하고 안절부절못하며 늘 불안해하여, 건강이 극도로 악화되는 후회의 길을 걸을 수도 있기 때문이다. 이 경우엔 되는 일 없이 자신의 목숨을 자해하는 꼴이 되고 만다. 결국 어렵게 살아온 내 삶의 투쟁 정신이라든가, 내 안의 고유한 삶의 생활신조 등에서 기저에 남아있는 역동성마저 말소되면서, 마지막 남은 생의 불씨까지 아주 꺼져버릴 수 있다는 것이다.

내 삶은 내가 만들어 왔고, 앞으로의 설계와 실천도 내가 하는 것이 맞다. 늙음이 깊어진 상황하에 남의 도움을 바라기도 어렵고 누가 나를 돕지도 않는 게 현실이다. 80대의 노인은 사회도, 가족도, 자식도 귀찮아하는 존재로 되었음을 인정해야 한다. 내 삶이 구태의연(舊態依然)하든, 새로움의 혁신을 추구하든, 실망이나 포기에 연연하든, 모든 게 내 책임이고 내 자신에 대한 엄숙한 의무이기도 하다. 노인에게 누가 이래라 저래라 하지도 않는다. 동네병원 의사도, 종합병원 의사도 80이 넘은 사람에겐 그냥 손님으로 대할 뿐 진정한 사람으로서의 한 인격체로 대하지 않으려고 한다.

흔히 젊은 사람들이 늙은이를 가리켜 '꼰대'라는 말로 폄하(貶下)하는 게 요즘의 세태이다. 노인은 시대정신이나 현대적인 감각에 안 맞는 권위적인 구닥다리라는 섬뜩한 비난의 말이다. 마음 같아선 "무슨 말이냐, 나는 아직이다"라고 되받아치면서, "나는 지금부터라도 나이와 상관없이 역동성의 재기(再起)와 재현(再現)을 다시 한번 꿈꿀 수도 있다."고 크게 소리 지르고 싶다. 왜냐하면 인간은 원초적으로 언제 어느 경우에서나 무(無)에서 유(有)를 창조할 수 있고, '신의 한 수'를 가늠하고 엮어낼 수 있는 만물의 영장이기 때문이다.

법정스님은 사람이 늙어서 자기 관리를 소홀히 하면 "그 인생은 초라하기 마련"이라고 단정하면서 "나이를 먹을수록 한결같이 자신의 삶을 가꾸고 관리하면 날마다 새롭게 피어날 수 있다."고 강조하였다. 이를테면 노인이라도 평안을 바라는 안주가 아니라 역동성 있는 자기 혁신을 도모하고 실천하면, 매일 새로운 사람으로 태어날 수 있다는 스님의 적절한 가르침이라 하겠다.

'새로운 사람'으로 태어난다는 것, 참으로 어려운 일이고 어떻게 해야 가능할지 구체적인 방법에선 더욱 난해한 일이다. 그러나 새로움의 문제를 너무 새롭게 보아서는 출구가 안 보인다. 또한 너무 새로움에 초점을 맞추어 내 삶을 관리하다 보면 길이 어두워질 수도 있다. 다만 소극적인 면을 좀 적극적으로 바꾸고, 앞으로의 삶의 진로에, 이루어질 수 있는 혁신적인 방안에 활력을 불어넣어보자는 것이다. 그것이 바로 이름 지어 역동성이며, 그 역동성에 매일매일 기름을 넣고, 불을 지르고, 그것을 에너지로 바꾸어보자는 것이다.

늙어서 체력과 경제력이 약화되면 새로움이라든가, 역동성의 시초는 꿈도 꾸지 못한다. 체력과 경제력은 서로 떼려야 뗄 수 없이 연계되어 우리의 삶을 옥죄이고 있다. 둘 중의 어느 하나가 부실해도 내 인생의 동력(動力)은 바로 힘을 잃고 빈곤으로 전락하여 멈출 수밖에 없다. 결국 노년의 삶이 멈춤으로 점철되어 간다면, 자연히 일상은 의기소침해지고 끝내는 의욕을 잃으며 절망의 깊은 늪에 빠지고 만다.

그러면 80이 넘은 노인으로서 나만의 '생존의 철학'은 무엇일까? 누군가는 이렇게 말할지도 모른다. "할아버지, 또 그 개똥 같은 철학이야기입니까? 좀 멈추어주시지요…!!"라고 말문을 막아버릴지도 모른다. 그러나 젊은이나 이 노파나 살아있는 삶의 값어치는 마찬가지

요, 소중한 것이다. 값이나 중요도에서 그의 경중(輕重)이나 필요성에서 차이를 가늠한다는 것은 억지이고 무리라고 주장하고 싶다.

노인이라도 자신의 생존 철학은 젊은이와 마찬가지로 역동성을 가져야 한다는 것이다. 자신의 건강을 위해서, 아울러 일과 공부를 위해서, 부단히 노력하자는 것이다. 누구든 건강해야 일과 공부를 잘 할 수 있고, 일과 공부를 열심히 하면 몸도 건강해질 수 있다. 건강과 일은, 실과 바늘처럼 서로 떼려야 뗄 수 없는 불가분의 관계임을 깊이 인식해야 한다.

긍정적인 마음의 힘

긍정과 부정은 정반대의 개념이다. 어느 대상을 놓고 긍정적으로 보느냐, 아니면 부정적으로 보느냐에 따라 그 영향은 각기 다르고, 그 결과의 질을 좌우한다. 우리가 일상에서 긍정의 마음을 갖는 것이 부정을 일삼는 생각보다 삶에 보탬이 되고 삶을 윤택하게 만들어 준다는 것을 익히 알고들 산다. 그러나 긍정의 생각을 자신의 삶의 모토로 삼고 모든 것에 긍정의 마인드로 임한다는 것은 그리 쉬운 일은 아니다. 젊음이 한창일 때는 긍정적이 생각에 너무 치우친 사람이 흔히 주변으로부터 오해받거나 외면당하는 경우도 있음을 본다.

일반적으로 긍정보다 부정의 생각을 일삼는 사람은 '무엇이든 아니라는 정의(定義)'에 익숙하고 마음의 폭도 좁은 편이고 빈약하기 일쑤이다. 부정으로 일관된 생각에는 사회 일각에 대한 오만(傲慢)과 독선(獨善), 또는 편견(偏見)에 사로잡히기 쉽고, 자신의 마음속을 쓸데없이 끓이고 썩힘에도 그 빈도가 높고 강하다. 더욱이 남의 잘못을 이해하고 용서하기보다는 일단 의심의 끈을 놓지 못한 채 잘못에 대한 응징의 벌만을 주장한다. 부정의 생각에 이골이 난 사람은 결국 남에게 정을 주는 문제에서도 인색함이 드러나 주변에 친구가 별로 없으나,

이에 전혀 개의치 않는다.

 긍정 일변도의 삶만이 옳은 일은 아닌지 싶다. 왜냐하면 긍정에 치우친 삶도 사회적 정도에 어긋날 수 있고 남에게 폐해를 끼치는 부작용을 낳을 수 있기 때문이다. 때때로 사회적 현안에 관해선 부정적인 시각으로 연구하고 고민해야 정확한 답을 얻을 수 있는 데 반해 모든 것을 긍정적인 시각과 판단에 치중하다간 오판을 범할 수도 있고, 큰 사회적 재난의 빌미를 제공할 수도 있다. 때문에 사회적 정의파는 긍정보다는 부정의 시각에서 비판적인 상황판단에 치중함으로써 올바른 가치창출을 도모할 수 있다는 점에 주목할 필요가 있다.

 우리네 보통 시민으로서는 부정보다는 긍정의 마인드로 살아가는 게 현명한 생활 태도임이 맞고 바람직하다. 나이가 많은 노인일수록 더더욱 긍정의 마인드가 삶의 여유를 가질 수 있고 남을 이해하고 배려하는 마음도 가질 수 있다. 나만이 아니라 함께, 같이 서로 돕고 나눌 수 있는 긍정의 적극적 삶을 이어갈 수 있다는 것이다. 내 삶의 활력소를 위해서, 내 삶을 값지게 빛내기 위해서도, 긍정적인 삶의 방향에 더 큰 비중을 두고 사는 지혜로움을 가져야 한다고 강조하고 싶다.

 법정스님은 "긍정적으로 살면 삶의 밝은 기운이 몰려온다."고 했다. 우리가 아무리 어렵고 힘든 세상을 살아가더라도 밝은 내일의 희망을 바라보고 살려면 긍정의 자세를 더 새롭게, 보다 더 깊이 있게 인식해야 한다는 것이다. 미국의 유명한 철학자인 엘버트 허버드는 "긍정적인 것은 무엇이든 부정적인 것보다 낫다."고 강조하였다. 부정적인 잣대가 필요한 경우라도 그것은 특수한 사람에 국한될 뿐 우리 범

시민으로선 부정의 마음가짐은 적극적으로 피하고 긍정의 마음을 사랑하고 존중해야 한다는 것이다.

그러면 나는 지금까지 긍정과 부정의 마음가짐에서 어떠한 삶을 살아왔고 지금 어떻게 살고 있는지 한번 자성(自省)해 볼 필요가 있다. 나로선 개인적인 인생전반의 잘잘못을 따져보면, 직장생활에서 내게 맡겨진 일이나 내 자신의 진급문제 등에서 내가 좀 더 긍정의 생각을 갖고 성공의 문을 고비마다 돌파하지 못했던 사실에 대해 가끔 반성하고 후회하곤 한다. 종종 '나는 안 될 것이다.'라는 선입관에 기초하여 지레 겁을 먹고 중도 포기라든가 양보의 미덕을 보이겠다고 뒤로 물러섰던 일이 종종 있었다. 그때의 미적지근한 부정적 태도와 관련, 지금은 너무나 후회막급하다는 생각이 든다.

내 자신의 가족 관계를 놓고 보아도 좀 그렇긴 하다. 부모와 자식과의 관계에서 좀 더 긍정의 삶에서 적극성이 부족했다는 것이다. 자식에 대한 사랑과 가르침에 완벽이란 있을 수 없다. 그러나 나의 가족에 대한 아버지로서의 역할이 과연 제대로 작동하였고 소기의 성과를 거두었냐는 문제에서는 '그렇다'는 대답을 하기엔 많이 부실했다. 삶의 과정에서 '하면 된다.'는 식의 긍정의 채찍질을 자식들에게 설득하거나 강요하지 못한 것이 내 문제였다는 지적을 부인하지 못한다. 자식들 셋이 모두 '결혼하고 자식 낳아 다 그런대로 잘 살고 있으면 되었지 뭘 더 바라느냐?'라고 한다면 '그것도 그렇긴 하다.'는 대답을 할 수는 있다.

다음으로 우리 사회 전반에 대한 인식의 문제이다. 내가 살아온 과

거는 보수 쪽이다. 우리나라의 국가생존을 지키고 민주주의와 정의를 위해선 보수가 진보에 우선한다는 인식을 갖고 살아왔다. 또한 현 정부의 진보 정책의 문제와 결과를 놓고 보더라도 '이래서는 안 되겠다.'는 판단이 앞서고 있는 것 또한 사실이다. 그러나 사회를 보는 시각은 어느 한쪽에 치우쳐서는 올바른 가치 판단이 불가능하다. 무엇보다도 여기에는 중용(中庸)이라는 인식을 갖고, 내가 좋다는 보수의 입장에서 진보의 장점을 받아들이는 긍정의 자세가 필요하다 하겠다.

그러나 긍정과 부정의 문제에서 앞서 검토한 내 과거의 삶이라든가, 내 가족 관계, 사회 전반에 대한 인식 등에 대한 나의 성찰은 앞으로의 삶에 그렇게 중요하지 않다. 내 나이 80이 훌쩍 넘긴 처지에서, 현재 내 삶의 가장 중차대한 현안(懸案)은 내 자신의 건강문제이다. 무엇보다도 건강에 대한 자신(긍정의 마음)을 잃으면 모든 것을 잃는다는 것이 우선시되어야 한다. 오늘도 내일도 '나는 건강할 수 있다.'는 자신감을 갖는 것이 나의 모든 문제를 해결해주는 복음(福音)이라 해도 지나친 말은 아니다.

나에게는 훌륭한 의사보다도, 좋은 약보다도, 양질의 건강식보다도 건강에 대한 긍정적인 자신감이 가장 긴요하고 절실하다. 이런 마음가짐이 바로 내 자신의 건강을 보장하는 '긍정의 힘'인 것이다.

나의 정체성과 천당

　내 삶의 앞길에 천당과 지옥의 갈림길이 놓여있다고 하자. 어느 누가 내게 "당신은 어느 길로 가겠습니까…?"라고 묻는다면, 나는 십중팔구는 "천당으로 가고 싶습니다."라고 대답할 것만 같다. 나의 실력으로는 천당과 지옥에 관한 철학적인 또는 종교적인 지식을 심오하고 장황하게 설명할 수는 없다. 그러나 천당은 모든 사람들이 죽어서 가고 싶은 바람직한 곳인 데 반해 지옥은 가서는 안 되는 무섭고 두려운 곳이라는 부정적 의미를 부인할 수는 없다. 그러면 '어떠한 사람이 천당으로 가고 어느 누구는 지옥으로 가는지?'라는 질문을 던져보고 싶다.

　요즘 우리나라의 넷플릭스(인터넷영화)의 〈지옥〉이 범세계적인 인기를 얻고 있음은 잘 알려진 사실이다. 이 드라마의 핵심은 '죄를 지은 사람은 지옥에 가야 한다.'는 인과론(因果論)이라는 주제이다. '죄를 지은 사람은 벌을 받고 죽어서 지옥에 가는 게 마땅하다.'라는 단순논리에 누구나 공감한다. 가령 혹자를 두고 "그 사람 그렇게 악하게 살더니 기어코 천벌을 받고 말았지….."라고 한다면 죄를 지은 그 사람의 당연한 사필귀정(事必歸正)이자 인과응보(因果應報)라는 옛 말에 공감을 갖는다.

  그러나 우리가 살고 있는 사회 현실은 꼭 그렇지만은 않은 것 같다. 세상은 그렇게 공평하지도 않고 정의롭지도 않게 돌아가기도 한다는 것이다. 반드시 벌을 받아야 할 나쁜 사람이 엉뚱하게도 복을 받는 데 반해 상을 받아야 할 착한 사람이 당치않게 불행에 빠지는 경우가 흔히 있음을 본다. 이게 세상살이이기도 하다는 현실론이 힘을 받는다. 또한 난세를 잘 살아가려고 한다면, '이 험난한 세상에 약삭빠르게 처신하고 살아야 한다.'는 주장에 당찬 반박을 하기도 어렵다.

  천당은 어떤 곳인가? 정말 천당이 있기는 한 것인지…? 천당에 가 본 사람은 정말 있을까? 종교계에서는 천당에 갔다 온 사람의 간증도 있다고 한다. 사실 우리 범인으로선 천당이 있고 없고를 의심할 일은 아니다. 자신이 종교를 갖고 있지 않더라도 천당을 부정할 필요는 없다. 아마 천당의 존재 여부를 따지는 사람이야말로 천당에 갈 자격이 없는 사람일지 모른다. 왜냐하면 천당은 그렇게 약아빠진 사람이 갈 수 있는 곳도 아니고 천당에 의문을 갖는 사람이 들어갈 빈 공간도 없을 것 같기 때문이다. 천당이야말로 정말 천당에 올 합당한 자격을 갖춘 사람에게 문이 열려있는 곳일 테니까 이르는 말이다.

  천당은 누구나 갈 수 있는 열려있는 문이라고 주장하고 싶다. 그렇다고 오매불망(寤寐不忘) 천당만을 생각하고, 낮이나 밤이나 천당을 가기 위해 노력하는 사람만이 갈 수 있는 곳은 아닐 것이다. 다시 말해서 천당의 문은 항상 누구에게나 열려있다 하더라도, 그 문도 부정과 비리가 통할 수는 없고, 오직 공정하고 공평하며 정의로운 사람에게만 열 수 있고, 열려있는 문이라고 여겨진다.

　오늘의 이 험난한 세상에, 이토록 급변하는 세상에, 이렇게 이기주의가 난무하는 세상에, 현실을 극복하고 살아나기에 바쁜 사람으로선 천당과 지옥을 생각할 겨를도 틈도 없다. 천당이든 지옥이든, 그곳은 우리가 죽은 다음 가는 길이지, 지금 나에게 당면한 문제가 아니라는 것이다. 살아가기에 힘든 사람에겐 죽음 이후의 내세(來世)는 생각 밖의 일이고 현재, 오늘이 가장 중요한 것이다. 그러니까 내일보다는 오늘이, 미래보다는 현재가 가장 중요하기 때문에 오늘의 삶에 충실하고 살면 그게 최선의 선택인 것이다.
　다시 힘주어 강조하건대 우리가 힘들게 오늘을 살아가면서 천당의 존재, 천당과 지옥의 가치를 생각할 필요는 없다는 것이다. 누구에게나 죽음은 두렵고 공포의 대상일 뿐이다. 이렇든 저렇든 누구나 죽음을 피할 수는 없으며 죽음 이후는 아무도 모른다. 그러니까 죽음 이후는 더더욱 상상해 볼 필요가 없다. 그보다는 오늘의 내 삶의 가치, 내 존재의 가치를 위해 온 힘을 쏟고 살아야, 내 삶의 의의, 곧 나의 정체성은 유지할 수 있고 발전될 수 있다는 것이다.
　나의 정체성은 바로 이것이다. 오늘을 위해 살지만 바르게 살자는 것, 이것이 바로 나의 정도(正道)이자 나의 좌우명(座右銘)이며, 나의 정체성이다. 나의 정체성은 천당, 지옥과는 아무런 인연이 없고 어떠한 관계도 없다. 나의 삶은 나의 정체성을 위한 삶이지, 불확실한 천당, 지옥을 위한 삶이 아니라는 것이다. 내일과 미래도 마찬가지로 나의 정체성을 구현하기 위한 구체적인 설계이자 눈으로 직접 확인할 수 있는 결과인 것이다.

　며칠 전 아내와 대화를 하던 중 나는 느닷없이 아내에게 이렇게 말했다. "당신은 2-30년간 종합병원에서 자원봉사를 하고 있으며, 복지관에서도 자원봉사를 열심히 하고 있으니, 분명 죽으면 천당에 갈 것이오. 그러니 내가 지옥으로 나가떨어지지 않도록 나를 데려가줄 수 없소?"라고 물어보았더니 대답인즉 "여보, 그런 소리 하지 마세요. 지금도 당신과 이렇게 함께 사는 것이 지겨운데 죽어서까지 같이 지내요. 천만의 말씀이네요."라고 잘라 말하는 것이었다.

　나는 이래저래 천당에 가기는 아예 글렀다. 지금까지 살아온 전례를 따져보아도, 앞으로의 삶을 두루 전망해보아도, 천당 문을 열 수 있는 능력을 갖출 수 없을 것 같다. 그렇다고 실망할 필요는 없다. 왜냐하면 나는 지금까지 천당에 들어가기 위해 노력한 게 별로 없다는 점을 인정하기 때문이다. 나에게 천당보다 더 좋은 곳은 그 어느 곳에도 없단 말인가…? 아니다. 내가 어떻게 생을 마감하느냐에 따라 천당보다 더 좋은 곳의 문을 열게 될지 아무도 모른다. 어떤 문으로 들어갈지는 순전히 나 하기 나름이기 때문이다.

의리 있는 사람의 모습

살만큼 오래 살다보니 친구 중에는 의리가 곧고 단단한 사람이 있는 반면, 의리에 별로 신경을 안 쓰고 사는 친구가 있는 게 보인다. 혹자는 의리가 대단한 사람처럼 처신하고 행동하다 어느 순간 의리와 전혀 관계없는 사람처럼 단칼에 손절매하는 친구도 있다. 의리를 헌신짝처럼 버리는 사람은 '뭐 의리가 내게 밥 먹여 주냐…?'라는 안이한 인식에 젖어 있는 사람이라 하겠다. 하기야 의리 자체를 제 목숨같이 소중히 여기면서, 의리 없다고 여겨지는 사람과는 전혀 관계를 맺지 않으려는 사람도 세상에는 많다.

의리란 무엇일까…? 사전적 의미는 '사람으로서 마땅히 지켜야 할 도리(道理)'라고 한다. 셰익스피어는 "군자는 의리에 밝고 소인은 이익에 밝다."고 했다. 이로 미루어볼 때 의리는 인간관계 형성에 있어서 최고의 가치 판단의 기준이 되는 것만은 틀림없다. 세상살이에 의리 있는 사람을 두고, 우리들은 흔히 '의리의 돌쇠'라고 하는가 하면, '사나이 중의 사나이' 또는 '조폭과도 같이 의리 있는 사람'이라고 평하기도 한다.

그러면 나는 이 '의리'라는 인간의 정도(正道)라는 부문에서 어떻게 처신하며 살아왔을까…? 우선 나부터 되돌아보고 난 후 의리에 관해 왈가불가할 수 있는 것 아닌가…? 나는 지난날 의리가 강한 사람으로 살아왔는지…? 실제로 의리를 지킬 능력은 겸비하고는 있는지…? 또한 의리를 지킴에 있어서 훌륭한 실천적인 예를 들 수 있는가등을 묻고 싶다. 나는 의리를 향해서 언제나 뚜벅뚜벅 거침없이 걸어온 사람으로 거듭나고 있는지…? 자신에게 질문을 던져본다.

나는 과거에 그렇게 굴곡 있는 삶을 살지도 않았고, 평생직장에선 최상의 지위에 오르지는 못했다. 그렇기 때문에 나는 타인과의 인간관계에서 그 누구와의 의리문제를 크게 내세워 거론할 처지가 못 되는 것 같다. 그러나 집안 가장으로서의 역할이나 사회인의 한 사람으로 의무와 책임에선 최선을 다해 정도의 길을 걸어왔다는 것은 부인할 수 없다. 다만 사회적 의인(義人)이라든가 봉사활동가로서 크게 치적을 내세울만한 진면목은 없는 소시민 격으로 살아온 셈이다.

한 가지 분명한 것은 나는 몹시 이기주의적이거나 자기중심적으로 나만의 이익을 위해 살지는 않았다고 자부할 수 있다. 어떻게 하든 내 자존감은 지키되 타인과의 관계를 중시하면서 나눔, 배려, 양보 등을 내 삶의 미덕으로 삼아, 때로는 희생도 마다않고 인간적이면서도 도덕적인 면에서 올바른 가치관을 지킨 채 살려고 노력해왔다.

그러면 이러한 내 삶의 족적(足跡) 가운데, 그래도 의리라는 가치에 버금가는 삶이었다고 거론할만한 내용을 소개해보자. 누구든 "에그, 그 정도 갖고 자랑삼아 이야기한다."고 평가 절하한다 해도 할 말은 없다. 하지만 이 정도의 의리 있는 삶(?)을 영유함도 자신의 일상에서 그렇게 쉽지 않은 일이라는 점을 강조하고 싶다.

〈나의 의리 있는 삶의 예〉
- 학창 시절에 몇몇 친구로부터 받은 은혜(식사, 잠잘 곳 등)를 반드시 갚아야 한다는 생각과 실천을 견지해 왔고 지금도 그 의지는 견고하다.
- 고등학교 전교1등 장학금을 받은 것을 갚는다는 차원에서 모교에 장학금을 기부하였다.
- 누님의 대학 등록금 지원과 관련, 죽을 때까지 어떠한 형태로든 누님에게 계속 보답하고 살려 한다.
- 친족, 친구, 지인의 경조사에는 100% 참석하려고 노력한다.
- 고향마을 친구모임, 대학교 과모임은 초창기부터 지금까지 회장직을 수행하고 있다.
- 10여 년 전부터 직장 동기생 모임의 연락(메시지), 장소지정을 전담하고 있다.
- 2년 전 고교 동기 동창회 총무직을 모두 기피하여 자원하여 직을 수행하였다.

이상에 열거한 나의 행적들이 의리에 해당되는지, 아니면 선행에 불과한지, 그냥 별것 아닌 일상생활인지 생각하기 나름에 의해 달라질 수 있다. 내 인생의 폭이 그 정도이고 그 범주를 벗어난 상위개념의 의리를 추구하지 못한 것은 내 능력의 분명한 한계이다. 내 스스로 항상 만족할 수 없었고 아쉬운 일이기도 하였다. 좀 더 나은 의리의 분야를 개척할 수도 있었겠지만, 용기와 지혜의 부족이 큰 장애이었음을 부인하지 못한다.

그러나 내가 '의리 있는 사람'으로 분류되지 못한다 하더라도 실망할 필요는 없다고 하겠다. 왜냐하면 나 정도의 삶을 누리고 살았다 해도 인생의 실패는 아니고 의리 없는 사람으로 비난받을 일은 없을 것으로 생각되기 때문이다. 그만해도 인생의 성공작인 삶이라고 할 수 있는데…. 러시아의 국민 시인 푸시킨의 명언대로 "삶이 그대를 속일지라도 노여워하거나 슬퍼할 필요는 없다."고 하겠다.

인생행로에 나의 잘잘못은 내 언행과 행실의 결과물이다. 그의 실태를 재보아도 잘 모를 수 있다. 이렇든 저렇든 내 삶의 소중함을 바르게 인식하고 나를 사랑해야 한다는 것은 지혜로운 삶의 명제(命題)임이 분명하다. 나도 멋진 인생을 살아왔고 지금도 살고 있으며, 앞으로도 그렇게 살아갈 것이라고 굳게 약속하면 그게 현명한 마음가짐의 자세이다. 글을 쓰다 보니 결국은 내 자랑이 된 것은 아닌지 모르겠다. 그래도 내일의 삶을 위해 파이팅하자…!!

공감이 지닌 폭력성

공감이란 '남의 감정이나 의견, 주장 등에 대하여 자기도 그렇게 느끼고 동조한다.'는 뜻이다. 서로간의 의사소통은 물론 친소관계와 대립분열도 공감으로 이루어진다. 남녀 간의 사랑과 이별도, 부부간의 애정도, 친구 간의 우정도, 모두 당사자 간 공감의 성격에 따라 좌우되곤 한다. 유명교수의 가르침이나 목사나 신부의 설교도 대상자들의 집단적인 공감대가 형성되어야 그 빛을 발휘함이 당연시된다.

공감은 사회적 담론으로 옳고 그름을 판단하기는 어렵다. 왜냐하면 공감은 때때로 옳은 쪽으로, 아니면 옳지 않은 쪽으로 제각기 공감의 세력을 형성하기 때문이다. 더욱이 공감은 각기 공감하는 내용에 따라 내 편, 상대편으로 대립하는 역설(逆說)의 집단이 형성되어 대결과 분란을 일으키기 일쑤이다. 만일 공감하는 마음가짐에 종교, 이데올로기 또는 정치세력이 개입하게 되면, 이해나 용서는 물론 소통이 외면되고 오직 자기 세력권의 주장만이 정도(正道)이고 진리(眞理)인 양 대립각을 세우고 극심한 사회혼란을 부추기기도 한다.

사회적 이슈와 관련, 공감의 지배 여부가 그 이슈의 정의를 결정하지는 않는다. 집값 폭등을 예로 들어 보자. 국민 모두가 집값이 2-3배 오르는 폭등현상에 대하여, "이는 바람직하지 않다."는 주장에 다 같은 공감을 이룬다. 더욱이 집을 가진 자들은 자기 집의 징벌적인 종부세 과세에 대하여는 더욱더 큰 반감을 갖기 마련이다. 그러나 역설적으로 집값 폭등을 주도한 세력은 국민을 '가진 자'와 '못 가진 자'로 분열시켜 자기 세력권의 단결을 도모하는 데 몰두할 뿐 집값 폭등에 대한 사회적 공감이나 인식의 정도와는 궤를 달리한다.

부동산 폭등을 막겠다고 24번의 정책을 실시한 주도 세력은 부동산 시세와 세금공세에 대해 "나는 종부세를 더 내어도 좋으니, 그 집을 가졌으면 좋겠다."는 어느 집 없는 자의 공감을 보고 빙긋이 웃는다. 이들은 집이 없는 자의 공감과 동조를 의식, 소위 있는 자와 없는 자를 갈라치기에 몰입하고 있는 것이다. 정의와는 무관하고 공정과도 관련이 없는 것이라 하겠다. 다만 종부세를 내고 세금이 과하다고 여기는 국민 2%의 반발을 외면한 채 종부세와는 관계없다는 98%의 국민이 즐길 것이라는 판단(?)을 자기들의 성과인 양 자화자찬(自畵自讚)하는 데 만족해하는 것이다. 우리들 보통의 시민으로선 종부세를 내는 집을 가진 사람들이 마치 죄인이라도 되는 양 이들을 몰아치는 정책 결정자들의 빗발친 공세에는 전혀 공감할 수 없고 동의하기도 어렵다.

요즘 체육계를 강타하고 있는 어느 프로배구단의 내부 분란도 마찬가지인 것 같다. 분란의 원인이 무엇인지 정확히 알 수는 없으며, 큰 소리로 떠들어대는 관련자들의 자기변명에도 공감하기는 어렵다. 그렇다고 해서 독자들의 공감을 바라는 언론의 비판 공세에도 동의하기 어려운 게 현실이다. 팀을 위한 내용에 공감을 갖고 모두가 조심하고 결자해지(結者解之)의 정신을 발휘한다면 금세 해결될 일을 모두가 기피하고 있는 것 같다. 분란의 단초가 된 코치, 선수와 전 감독 간의 분란에서 이러쿵저러쿵 시시비비를 가려보겠다는 공감의 폭력성은 자기 얼굴에 침 뱉는 격이 될 뿐이다.

 분란을 빚은 사람들 간에 힐책이나 질책, 비난이나 오해 등은 문제를 해결할 수 없고 공감의 분위기를 만들 수도 없다. 안으로 곪은 문제는 서로간의 이해와 설득, 양보 그리고 상대를 사랑하는 마음이 깃들어야 모두가 수긍할 수 있는 공감의 자리가 마련될 수 있는 것이다. 자신보다는 구단과 팀을 위해서 더 나아가 모든 시청자들을 위해 '스스로 뒤로 물러서고 모두가 함께'라는 사랑의 마음가짐만이 문제해결의 공감을 도출해낼 수 있을 것이다.

 우리들 주변 친구 간의 일상대화 속에서도 공감의 역설, 공감의 상실, 공감의 폭력 등으로 인한 대립과 갈등의 속출로 만남을 거부하고 서로 등지는 결별의 사태로까지 발전한다. 노년이 깊어진 처지에 살만치 산 게 분명한데, 누가 뭐라 해도 칼날을 들이대어 반대의견을 가질 필요는 없고, 반대로 지나치게 사리에 어긋난다는 발언에 부화뇌동(附和雷同)하는 태도를 보일 필요도 없다. 어느 친구가 어떠한 내용의 발언을 해도, 설사 뚱딴지같은 말을 하더라도, 조금도 공감이 가지 않은 이야기를 자랑인 양 지껄여대도, '그냥 좋게 보고 넘어가면 된다.'는 긍정의 생각으로 마음가짐을 정리하면 만사형통인 것이다.

설사 혹자의 발언이 상식에 어긋난다고 해서 다른 친구들과 연대하여 공감의 폭력을 행사하려는 시도는 우리들의 일상에서 금기시되어야 한다. 친구를 적으로 간주, 친구에게 칼을 겨누는 어리석은 행동은 결국 자신을 파멸의 길로 인도할 수 있는 비수(匕首)가 될 수 있다는 사실을 명심할 필요가 있다. 어떻게 하든 그 친구의 입장을 이해하려는 역지사지(易地思之)의 생각을 갖고, 반감보다는 이해와 용서의 마음을 간직하고 '나도 저렇게 생각할 수 있다.'는 폭넓은 아량의 마음가짐이 삶을 바르게 잡는 지혜로움인 것이다.

우리는 지금 공감의 시대와 함께 공감이 여론을 지배하는 시대에 살고 있다. 그러나 우리 사회는 올바른 공감에 대한 날선 반감과 분노가 공감을 지배하며 폭력을 낳는 무질서한 시대에 살고 있음을 피하지 못하고 있다. 사회적 공감의 폭력성에는, 특히 정치적 폭력성에는 그 어디에도 이성에 의한 판단이 없고 폭력적 감정만이 지배할 뿐이다. 우리 사회에는 이러한 반감을 자극하는 노조를 비롯한 사회단체의 전위적 행동이 극성을 피우고 각종 언론의 말과 글이 이를 더 자극하고 증폭시키는 공세가 노골화되고 있다.

우리 사회에서 어떻게 하든 '상대를 죽여야 내가 산다.'는 공감의 역설적 폭력성은 금기시되어야 하고 소멸되어야 한다는 것이 당면 과제이다. 특히 우리나라 정치판에서 이러한 풍조가 시급히 사라져야 한다. 사실 누가 누구를 나무랄 처지가 못 된다는 말에도 수긍이 간다. 나부터 올바른 공감의 세계에서 안주할 수 있도록, 모든 감정과 분노가 일어나지 않도록, 내 편 네 편으로 가르지 말고 공생할 수 있는 사회적 분위기를 만들어 나가야 한다. 우리 모두의 책임(責任)이고 임무(任務)인 것이 맞다.

갈대의 마음

갈대는 바닷가, 강이나 개울가, 또는 호수 주변 습지에 서식하는 다년생 풀이다. 우리는 종종 갈대와 억새를 혼동해서 갈대숲이라고들 한다. 그만큼 갈대와 억새는 모양이 거의 100% 같은 종류의 식물이다. 그래서 산중턱에 군락을 이룬 억새밭을 갈대숲이라고도 부른다. 갈대는 물기가 많은 습지에 살고 있지만 억새는 마른 땅 산등성이 넓은 벌판에 서식한다. 억새가 이름값처럼 갈대보다는 억세고 강하다. 하지만 가을바람결에 흔들리는 모습이나 석양에 펼쳐진 아름다운 풍경의 자태는 갈대와 억새가 풍기는 모습은 매한가지로 분별하기가 어렵다.

우리들은 흔히 여자의 마음은 갈대와 같다고 한다. 갈대숲이 바람에 이리저리 휘날리듯 여자는 마음의 중심을 못 잡는다는 뜻이다. 그러나 사람이 살다보면 남자도 여자와 같이 갈대의 심정으로 우왕좌왕(右往左往) 마음을 종잡지 못하는 경우가 허다하다. 특히 남자는 나이가 깊어 가면서 그런 성향은 점점 심해짐을 피하지 못한다. 왜 그럴까…? 남자로서 개울가 느티나무같이 딱 버티고 서는 '뚝심'은 오간 데 없고 출렁이는 파도처럼 무엇 때문에 이리 왔다 저리 갔다 방향을 잡지 못하는 것일까? 마음이 약해서, 아니면 근성이 다 사라져서, 또는 기운이 없어서 그런 것은 아닌지…? 여러 가지 요인이 있을 것 같다.

아무튼 갈대는 아니더라도 내가 내 자신을 뒤돌아보아도 확실히 마음이 위약(萎弱)해진 것만은 틀림없다. 자녀들이 지금의 나를 보는 눈초리도 '우리 아버지보다는 엄마에게 무엇이든 허락받는 것이 편하다.'는 생각이 굳어져 있다. 우리 집안에서 '모든 것은 로마로 대신, 모든 일은 엄마의 승낙을 통해서'라는 공식이 일반화된 지는 이미 오래 전이다. 누가 누구의 의견을 들어서가 아니라 자연의 법칙같이 가족 간에 큰 잡음 없이 순리대로, 어느 날부터 이루어진 관계이다. 물론 그 관계가 빚는 온갖 일상에 대해서 나를 비롯해 이의를 제기하는 사람은 우리 가족 내에 아무도 없다.

남자는 40대 이후부터 남성호르몬이 점점 줄어들어 여성화 되어간다고 한다. 그러니까 남자가 노인이 되면 자연히 모든 성향이 여성 쪽으로 기울어진다는 것이다. 내 나이 80이 훌쩍 넘었으니 여성화가 되었어도 한참이요, 아주 정착하고도 남을 처지인 것이 분명하다. 여성화가 되었다면 어떤 특성을 지녔을까…? 그 특징 중에 가장 주축인 것이 바로 갈대의 마음이 아닌가 한다. 내가 나를 보아도 우유부단(優柔不斷)한 면이 짙다. 우물쭈물하면서 결단력이 느슨하여 '버스 지나간 다음에 손 흔든다.'는 격이다. 일단 결심하였으면 밀고 나가야 하는데 추진력과 적극성이 미약한 것도 의젓한 남성상을 좀먹고 있는 현상이라 하겠다.

원래 나만 여성화된 것이 아니라 한국의 남성 전체가 여성화되고 있다는 지적에 강한 거부감을 갖지 못한다. 우리나라 경제력이 선진국 수준으로 크게 발전한 가운데 남성들도 외모 지상주의가 팽배해지고 엄마들의 자식에 대한 극성은 남자의 여성화나 마마보이를 양산하고 있다. 우리나라 대통령이 되겠다고 나선 그 많은 후보들을 두루 보아도, 그들의 품성에서 나타나는 통솔력, 카리스마, 혁신적 정신 등은 이를 데 없이 미약하기 그지없다. 한 사람, 한 사람을 뜯어보아도 그 어디에도 강력한 남성상으로서의 줏대가 확고한 인사가 없는 것 같다. 모두가 이랬다저랬다, 왔다 갔다 하는 저급한 정치인들의 모습에서, 누가 보아도 여성화되어 갈대와 같은 속성이 난무할 뿐이다.

우리나라 청소년들의 특성을 눈여겨보아도 여성 상위 시대가 나타나고 있음을 본다. 초중고에서의 학과 성적도 여성이 우위이고 각종 특별활동에서도 여학생들의 적극성이 돋보이고 있다. 학교에서 남학생들 가운데 '남자다운 남자가 드물다.'는 지적을 부정하기 어려운 게 현실이라는 것이다. 선생님들도 거의 여자 선생님이 절대 다수를 차지하고 있어 남학생의 여성화를 촉진한다고 한다. 여선생님 하에서 남학생들이 갖추어야 할 불굴의 의지, 강한 결단력, 자존감 등이 결여되고 있음은 어쩔 수 없는 현상인지 모르겠다.

우리 아파트 단지 앞 개울가에도 군데군데 갈대숲이 자리하고 있다. 비바람이 몰아치면 죽은 듯이 누워있다 어느새 다시 굳건히 일어섬을 본다. 설사 남자 노인들의 삶이 여성화되고 침체되어 감에 따라

늘 스산하고 막막한 감이 짙다 하더라도, 쓰러진 갈대가 일어서듯이 다시 일어서야 한다. 노인에게도 얼마든지 자신의 노력 여하에 따라 '신사다운 면과 함께 사나이 정신'을 힘차게 복원해 낼 수 있는 것이 우리들 삶의 본질이다.

 갈대의 쓰러지지 않는, 쓰러져도 다시 일어서는 강인한 정신을 되살리는 것은 누구나 자기 하기 나름이다. 노인에게도 이해와 용서가 풍성할 수 있고 사랑, 배려, 나눔의 정신이 충만할 수 있다. 여성스러움을 버리고 다시금 남자답게 사는 것은 오로지 자기 하기 나름이다…!!

마음 조이기의 병폐

우리는 일상에서 늘 '마음 조이기'를 자주 경험한다. 마음의 불안 증세이기도 하다. 어떠한 이유에서이든 누구나 마음을 쓸데없이 조이기 시작하면, 신경이 과민해지고 스트레스를 받게 되며 입속에 침이 마르는 등 마음과 몸이 온통 시달림을 당하게 된다. 나의 경우를 예로 들어 보면, 손자의 대학 합격 발표일이 다가올 때, 내 몸의 이상 여부에 대한 조직 검사 내용을 확인하러 병원에 가는 날, 아들의 부장 승진 날짜를 앞둔 아버지의 마음 등 일상에선 별일 없이 지내고 있어도, 마음 조이기는 지속된 듯하다.

'무엇이든 마음 조이고 살지 말자.'는 것이 나이 든 사람들이 살아가는 삶의 슬로건이자 좌우명이기도 하다. 남이 보기엔 아무런 걱정거리도 없고 늘 행복한 일만 맞이하는 것 같은데도, 노심초사(勞心焦思)에 전전긍긍(戰戰兢兢)하는 사람의 꼴이다. 누구라도 '항상 걱정하지 말고 웃고 살자.'고 다짐하지만 한낱 공염불로 끝나고 도루묵이 되는 것이 보통사람들의 일상인 것이 맞다.

왜 그럴까? 무엇 때문에 그렇게도 사람들은 심장이 두껍지 못하고, 평안하지도 못하며, 안달복달하는 불안의 마음 조이기에서 벗어나지 못할까…? 마음 다스리기를 통해 에너지를 긍정의 방향으로, 하고 싶은 일에 쏟아부을 수 있다면 더 생산적이고 삶의 활력소가 넘칠 텐데 그렇지가 못하다. 물론 자신의 마음이라도 자기 컨트롤이 그렇게 쉬운 일은 아니다. 실제로 내 마음 조이기를 통제하기도 어렵거니와 그 마음 조이기를 100에서 50으로 줄이기도 실제로 어렵다.

우리들의 삶은 누구나 녹록지가 않다. 내 안에서도, 주변에서도, 사회생활에서도 끊임없는 외부 자극에 스트레스를 받게 마련이다. 스트레스를 슬기롭게, 지혜롭게 극복하는 사람이 있긴 하지만 대부분의 사람들은 스트레스에 민감하게 반응하여 마음의 안정을 이루지 못한 채 마음 조이기의 시련을 받고 만다. 그 원인을 개략 기술해 보기로 하자.

첫째로, 성격의 결함(缺陷)에서 오는 경우가 많다. 대범하지 못하고 소심한 성격에다 무엇이든 집착하는 버릇으로 인해 스트레스에 효과적으로 대응하지 못하기 때문이다. 어느 상황에서든 예민하게 반응하여 그냥 지나치지 못하고 의문에 꼬리를 이어 가면서 걱정의 그늘을 벗어나지 못하는 스타일이다. 과민성이 짙은 사람은 별것 아닌 것을 갖고도 마음 조이기에 돌입하곤 한다. 어떻게 보면 매사에 마음 조이기가 생활화되어 있는 사람이 많은 것이다.

둘째로, 인간관계에서 오는 스트레스를 해소하지 못하기 때문이다. 우리는 매일매일 접하는 사람이 있다. 가족은 물론 친구, 친지, 아파트 같은 라인 사람 등 서로 간 만남에서 반갑고 인사를 하며 친밀감을 다지고 살지만 본의 아니게 갈등이 유발되기도 한다. 인간관계에서 모든 사람과 좋은 관계만을 맺고 살 수는 없다. 때로는 이견이 상충하고 대립하거나 충돌하기도 한다. 부부간의 관계도 가장 가깝지만 먼 관계라고 한다. 서로 싸우고 싸우다 자식 두고 이혼까지 하는 관계가 부부이다.

가족 내에서 아버지는 알게 모르게 점점 소외되어갈 수밖에 없다. 자식들도 아버지보다는 매사에 엄마에게 비중을 더 두게 된다. 자연히 아버지는 왜인지 외로워지고 쓸쓸하게 마음 조이는 일을 당하게 된다. 친구와의 관계에서도 유난히 미운 친구가 돋아난다. 그 친구도 나의 태도를 알아차리고 나를 미워할 수 있다. 결과적으로 나도 그 친구를 두고 마음 조이기를 만드는 꼴이 되고 만다. 미움을 주지도 말아야 하고 받지도 말아야 서로 간에 마음 조이기에서 자유로울 수 있다.

셋째로, 마음 조이기는 일종의 병적 증세일 수 있다. 불면, 우울증, 과민성대장증후군, 공황장애 등의 질병을 갖고 있는 사람은 마음 조이기를 수시로 동반한다. 병세가 호전되지 않는 한 마음 조이기의 습성을 버리기 어렵다. 우리들에겐 2년여 지속된 코로나 사태의 영향도 무시할 수 없다. 외부활동이 억제되고 지인들과의 교류가 극도로 감소한 것도 불만에다 화를 유발하고 불안증을 첨가하고 있음이 현실로 나타나고 있는 것이다.

마음 조이기는 복잡한 현대 생활에서 불가피한 면이 있기는 하다.

그러나 자신의 건강 증진과 사회생활의 건전화를 위해서, 그리고 집안의 화목을 위해 마음 조이기, 불안감 등은 가급적 떨쳐내고 살아야 한다. 설사 일상화되어 있는 마음 조이기의 뿌리를 근절할 수 없더라도, 다른 사람들로부터 '저 사람은 밝고 명랑하다.'는 평을 받을 수 있도록 배전의 노력을 하면서 살아야 한다. 몇 가지 실천하고 있는 나의 대안을 제시해 본다.

* 매일 신선한 야채와 과일, 단백질 섭취에 신경을 쓴다.
* 산책 시 소나무 숲이 우거진 곳(피톤치드 풍부)을 선택, 산소 흡입을 배가시켜 우울증 해소를 도모한다.
* 꾸준한 독서와 글쓰기에 열중하여 뇌와 관련한 질병(치매, 뇌졸중)을 예방하고 말솜씨의 기능을 향상시킨다.
* 하루에 한 시간씩(아침30분, 저녁30분) 모든 관절 건강을 위한 스트레칭 운동의 생활화를 지속한다.
* 무엇보다도 나눔과 겸손에 치중하여 정신 건강에 기여토록 한다.
* 친구와의 교류 증진을 위해 하루 절친 세 사람에게 전화한다.
* 집안의 평화와 가족 간 화목을 도모하기 위해 할아버지로서의 위상과 권위, 위신과 권한 등 모든 것을 내 스스로 내려놓고 마음 비우기에 더하여 마음 다스리기에 치중한다.

자격지심의 변(辯)

자격지심(自激之心)이란 '내가 남보다 무언가 미흡하다.'든가 '다른 사람에 비해 능력이나 역량이 부족하거나 부실하다.'고 느끼는 감정을 이르는 말이다. 자신이 남보다 못하다고 느끼는 일종의 열등의식(劣等意識)이기도 하다.

지금 우리 사회는 변혁과 혁신의 속도가 너무 가파르다. 그 속에서 우리는 무한 경쟁과 외모 지상주의, 극도의 이기주의가 지배하는 사회 문화에 내몰려 정신없이 살아가고 있는 게 현실이다. 자연히 누구나 내 삶을 남과 줄기차게 비교하고, 때로는 남보다 너무 부족하다고 느끼는 자격지심을 갖는다. 자본주의사회의 경쟁 사회를 피라미드에 비유해 보면 상위 계층은 극히 소수에 불과하다. 대부분의 사람들은 아무리 노력해도 피라미드 상위 이하에서 살 수밖에 없는 구조가 정착되어 있다. 때문에 상층 부위를 지향하는 사람은 때때로 자격지심을 느끼게 됨을 피할 수 없다.

그러나 그 옛날 못살던 시절에도 나만의 자격지심은 상존했다. 단칸방에 신접살림을 차리고 셋방을 전전하던 그때, 왜 나에겐 '이 넓은 서울장안에 방 한 칸 없는 신세인가…?'라는 자조적인 한탄을 하던 기억이 아련하다. 셋방살이 신세는 집주인의 별것 아닌 간섭에 야릇한 자격지심이 발동하곤 했음을 잊을 수 없다. 어느 날 저녁 남산에 올라 장안의 반짝이는 불빛을 보고 '왜 저 많은 불빛 가운데 내 집은 하나도 없을까?'라는 실망감에 그만 자격지심의 발로를 막지 못했다.

그뿐만이 아니다. 신문사, 방송사 입사 시험에 낙방하고 7급 공무원이 되었을 때, 당시 신문 기자나 아나운서는 물론 고시에 패스한 친구들이 어찌나 부러운지…. 미리 겁을 먹고 죽기 살기로 공부를 안 한 탓이다. 평소에 '나는 안 될 것이다'라는 자격지심에서 일찍이 포기했던 것은 아닌지? 지금 생각해도 그런 것 같아 안타깝다. 자격지심은 이렇듯 자신의 앞길을 차단하는 몹쓸 마음가짐의 병이었고 그것이 어떻게 보면 평생을 좌우할 중요한 장애 요인으로 작용했던 것으로 보인다.

요즘 흔히 하는 말로 "손자의 SKY대학 합격여부는 할아버지의 경제력에 달려있다."고 한다. 합당한 말인지 아닌지를 떠나, 경제력이 별로인 할아버지라면 손자에게 미안하다는 마음의 자격지심을 느낄 수 있다. 서울 강남의 아파트가 10억, 20억 오르는 것을 보고도 내가 사는 세상이 아닌, 다른 세상의 일로 느껴지는 사람에게는 격세지감(隔世之感)에다 상대적 박탈감(剝脫感)이나 허탈감을 갖게 된다. 더욱이 올해에 서울의 고가아파트를 산 사람의 42%가 20, 30세대라고 하니 이를 '강 건너 불 보듯' 하는 부모로서는 억, 억 하는 아파트를 자식들에게 사주지 못하는 자신의 처지에, 일말의 자격지심을 느끼지 않을 수 없을 것이다.

살다보면 자격지심은 누구나 가질 수 있는 마음가짐이다. 그러나 그 자격지심의 반복이 자기성찰(自己省察)의 전기를 마련할 수도 있다. 경우에 따라서는 자신의 도약이나 발전을 위한 결정적 계기가 될 수도 있다. 고시를 9번이나 봐서 성공한 사람도 있고, 아나운서 시험을 5번이나 봐서 성공한 친구도 있다. 소극적 태도, 게으름, 지나친 예민함같이 자기 성격의 결함을 극복할 수 있는 기회도 마련할 수 있다. 그러니까 자격지심의 과정이 심화되더라도 실망과 후회의 질곡으로 빠지는 것을 피하고, 자격지심을 자기 발전의 '새로운 발판'으로 만들 수도 있다는 것이다.

우리 보통 시민으로서는 자본주의 피라미드 상층부의 소수와 비교해서 살 필요는 없다. 그렇게 살려고 하다간 항상 '나는 불행하다'는 인식에 빠질 수밖에 없다. 실로 그 상층부에 들어가기도 어렵거니와 만에 하나 어쩌다 꼭대기에 올라간다 하더라도 기반이 허술하여 일거에 허물어지기가 쉽다. 차근차근 욕심을 내지 않고 이른바 '서민갑부'가 열심히 일해서 부(富)를 일구는 것처럼 피라미드 상층부는 아니더라도 적당한 양의 부를 보람으로 삼고 살아간다면 그 지위가 무너지는 변(變)을 당하지는 않을 것이다.

사람이 살아가면서 욕심이 너무 많아도 문제이지만 너무 욕심이 없는 것도 문제이다. 자격지심을 지나치게 갖는 삶이라고 너무 기(氣)가 죽어 지낼 필요는 없다. 또한 자격지심은 좋은 마음가짐이 아니라고 너무 백안시하며 살면 안 좋다. 자격지심이란 것도 자본주의사회에서 살아가는데 피할 수 없는 삶의 가치 판단이라는 긍정적인 생각을 가질 필요가 있다.

 우리들 삶의 일상에선 '항상 지나치거나 모자라지 아니하고, 한쪽으로 치우치지도 아니한' 중용(中庸)의 삶을 지키는 것이 아주 긴요하다 하겠다.

선물에 담은 의미

추석을 앞두고 중·고등학교 동창인 한 친구로부터 배 한 상자를 선물로 받았다. 지난해에도 받았는데 그 친구가 나를 생각하고 상품가치가 높은 배를 또 보낸 것이다. 그는 고교졸업 후 고향에서 새마을 운동을 하고 농사 이외에 큰 과수원 농사에도 열중하고 있는 전형적인 농촌인사이며 애국자인 셈이다. 그는 항상 부지런하며, 몇 년 전 폐암을 진단받았음에도 불구하고 의사의 수술 권유를 마다하고 식사와 운동, 마음 수련 등에 열중함으로써 암의 증식을 멈추게 하여 의사도 놀랄 만큼 폐암을 극복하고 있는 친구이다. 또한 그는 항상 적극적이고 활동적이며 사교적이어서 주변 친구들부터 부러움을 한 몸에 지니고 사는 친구이다.

나는 선물을 받자마자 고마운 마음에 그 친구에게 전화를 걸었다.
"웬 선물을 또 보냈어…. 너무 고맙긴 한데, 너무 뜻밖이야. 지난해에도 배를 보내주어 잘 먹었는데, 너무 고맙기 그지없어. 이번에 좀 보답을 해야지, 아무튼 고마워…!"
그러자 친구의 답이 들려왔다.
"아이고 친구야, 무슨 고맙긴. 내가 농사지은 것 조금 나누어 먹는 것인데, 부담 갖지 말고 맛있게 먹어. 맛이나 있는지 모르겠어. 고르고 골라서 보냈는데 하여튼 올해도 내가 보낸 배 먹고 건강 잘 지켜. 건강이 제일이야!"

친구의 따뜻한 마음을 나는 액면 그대로 받아들이기로 했다. 나로서는 고마운 마음과 함께 무엇인가 마음의 부담이 된다는 생각을 지울 수가 없었다. 어떻게 하는 것이 좋을까…? 여러 가지로 이리저리 궁리를 해보고는 나 혼자만의 마음가짐으로 친구의 마음에 어떠한 형식이든 '답을 하자'고 결심하였다. 그리고는 아내와 의논하였다.
"여보 우리가 요즘 친구가 보내준 배를 먹고 있는데, 그에 걸맞은 마음의 표시를 해야 될 것 같아요. 당신은 어떻게 생각하오?"
나의 물음에 아내는 이내 답을 주었다.
"맞아요. 나도 그렇게 생각해요. 바로 무엇을 보내는 것도 그렇고요, 선선한 바람 불면 우리가 매년 구입해서 먹고 있는 구운 식탁 김 한 박스 보내주는 게 어때요?"
"그렇게 합시다."
나는 아내의 의견에 동의하였다.

선물은 주는 사람의 마음의 표시이고 주고받음의 정리(情理)이다. 친구 간의 선물은 우정의 표현이며, 애인 간의 선물은 사랑의 전달이다. 선후배 간에는 정의 표시이며 존경의 뜻이기도 한 것 같다. 사실 선물에 담긴 진정한 의미는 상대에게 무엇을 바라고 주는 것이 아니고 '다만 주는 것'이라는 선의의 주장에 동의하고 싶다.

누구나 살아오면서 가족과 친족 간에, 친구와 지인 간에, 또는 애인 간에 여러 가지 선물을 주고받는 경험을 한다. 때로는 그 선물이 내 삶에 득(得)이 될 때가 있고, 오히려 실(失)이 될 때도 있다. 내가 나를 위해 누구에게 선물을 했을 때 그 선물이 순기능으로 작용하지 못하고 상대의 오해를 사게 되어 내게 오히려 해(害)를 입히는 경우도 간혹 있다는 것이다. 선물은 받는 쪽에서도 상당한 주의를 요한다. 때때로 선물은 어떤 목적의 대가를 목표로 한 뇌물일 수가 있기 때문이다.

실로 연인 간에는 특별한 의미가 담긴 선물을 계기로 두 사람의 사랑이 깊어져 결혼에 성공하는 경우가 흔하다. 내가 좋아하는 사람에게, 사랑하는 사람에게 귀중한 물건을 선물하려고 할 때는 다음 3가지 사항을 충분히 고려할 것이 요망된다.

첫째, 무엇보다도 선물을 받을 사람의 성격과 취향을 세밀히 검토하여 그가 좋은 감정으로 받아들일 물건을 준비한다.

둘째, 선물 내에 메시지를 남기려 할 때 글씨와 문구에 나의 혼이 새겨지도록 노력하고 집중한다.

셋째, 선물포장에 대한 사전준비를 갖추어, 예쁘게 정성껏 포장해 상대의 호감을 얻도록 배전의 노력을 한다.

지나온 내 사회 경험을 두루 비추어볼 때 선물공세에 능숙한 사람이 출세 길에 앞서감을 보았다. 사실 어느 직장에서이건 상부 구조에 다다른 사람들의 능력 차이는 거기서 거기가 대부분이다. 그곳까지 온 사람들 대부분은 거의 유능한 사람들이며, 그중에서 근무능력에서의 우열(優劣)을 가리기는 힘든 일이다. 윗사람의 입장에서 진급대상자의 선별을 가리는 점수는 아무래도 능력의 차이보다는 상호간의 친소감(親疎感) 여부가 결정적으로 좌우하게 된다는 것을 지난날 두루 경험하였다.

상하 인간관계에서 하급자가 상급자를 내 편으로 고정시키려 한다면, 그에게 주는 선물도 우선 값이나 호감을 주는 면에서 무게감이 묵직해야 한다. 선물 공세 이외에도 윗사람의 전폭적인 지지를 획득할 수 있는 여러 가지 방안에 주저함이 없이 과감한 추진력을 보여 주어야 한다. 선물을 하는 경우에도 윗사람에게 호감을 사면서도 일단 부담을 안겨 줄 수 있는 선물에 과감한 선택과 용단이 있어야 한다.

나는 과거에 선물 공세를 잘 못하고 살아서 후회스러운 면도 있긴 하다. 선물과 아부의 세계에서도 분명 흑과 백이 있고 선과 악이 있다. 양지가 있으면 그에 따른 음지도 있음이 진리이다. 사다리에 먼저 올라가서 밑을 보며 못 오르는 사람을 보고 희열을 느낄 수도 있지만, 어느 순간 그 사다리가 기우뚱거려 늪지로 넘어질 수 있는 것이 인생이기도 하다. 하지만 사람들은 절대로 늪 속으로 넘어지는 경우가 내게는 절대 오지 않을 것이라고 굳게 다짐하고 산다.

선물은 받는 사람보다 주는 사람의 마음이 더 행복감을 느끼고 그 감정이 오래간다고 했다. 금년 추석에는 내가 좋아하는 친구 2-3명에게 값지고 맛있는 '먹거리'를 선물하도록 세심한 준비를 해보자. 못할 것도, 주저할 일도 없을 성싶다. 난 그 선물의 의미와 성격을 절친(切親)에 대한 '사랑'이라는 답으로 규정하고 마음속에 아로새길 것이다.

벌써부터 내 심저(心底)에 따듯한 마음이 일고 있음을 느낀다. 이것이 바로 행복(幸福)이라면 축복받을 감사의 복이기도 하다.

인생의 끝물이란 생각

내 인생의 삶은 '지금 어디쯤 가고 있을까…?'라는 생각에 잠겨 본다. 일상이 계획대로 잘 굴러가고는 있는지, 무계획적으로 이리저리 방황하고 있는 것은 아닌지, 엉뚱한 길로 들어선 후 영 돌아오지 못하고 있는 것은 아닌지, 도무지 헷갈리는 상황이라 정확한 답을 제시하기가 어렵다. 분명 내 나이 80이 휙 넘은 처지에 삶의 정도(正道)가 바로 이것이니, 이 길로 올바르게 가고 있다고 잘라 말하기가 어려운 것 같다. 다만 확실한 것은 80이 넘은 노인으로서 정도가 100점이라면 나는 후한 점수를 주어 그래도 '7-80점대의 삶은 가고 있는 것'은 아닌가? 라고 혼자 자위해 본다.

그러면 80대 노인의 7-80점대의 삶은 어떠한 수준일까? 우선 무엇보다 몸 안에 중병(重病)인 암이나 치매, 뇌졸중 등을 지니고 있지 않다는 점을 들 수 있다. 더하여 1시간 정도 걸을 수 있고, 밭에 나가 일을 할 수 있다는 게 큰 보람이라면 그렇다. 또한 하루 밥 세끼 비교적 잘 먹으며, 잠도 그런대로 잘 자고 있다. 다음으로 일상의 생활에 그렇게 잘못된 습관을 지적할 게 별로 없다. 남들과의 원한이 남아있는 게 없고, 자식들도 모두 건강하게 자기 할 도리에 충실한 편이다.

이렇게 좋은 점만 선택적으로 나열하다 보니 100점에 근접하여 끝물이 아니라 해도 될 것 같은 기분이다. 과감히 약점, 흠, 결점 등을 찾아보면 장점은 금세 점수가 대폭 깎이거나 50점대의 방향으로 전락하고 말 수도 있다. 예를 들어 나는 10여 년 전부터 혈압, 콜레스테롤, 혈전에 대비한 약을 상복하고 있고, 몸이 허약한 편이라 툭하면 소화 불량, 고열 발생 등도 비교적 잦은 편이다. 불안, 공황 장애 등으로 종합 병원에 입원한 전례도 있으며, 허리, 어깨, 무릎의 관절도 좋은 쪽으로 서지 못한다.

그러니까 내 나이와 함께 나의 몸과 정신에 종합적인 점수를 매겨 볼 때, 과일에 비유한다면 '끝물'에 해당된다고 볼 수 있다. 끝물은 맛도 없고 모양도 안 좋아 상품 가치가 없는 것이다. 그 옛날 고향에서 끝물 참외는 시장에 내다 팔 수가 없기 때문에 원두막 주인이 스스로 이웃과 나누어 먹거나 끝물 참외를 밭에 그대로 방치하였다. 그 주인의 선심 덕으로 나를 포함한 동네 친구들의 끝물 참외 잔치가 여러 번 이루어졌다. 개중에 맛있는 참외가 섞여있어 지금도 그 맛에 대한 아름다운 추억이 생생하다.

사람의 끝물은 폭풍우를 만나 여기저기 구멍이 뚫린 난파선(難破船)의 처지나 다름없다. 언제 바다 속으로 가라앉을지 모르는 순간이다. 과일의 끝물처럼 시들고 꼬부라지고 흉하게 보여 사람 냄새를 제대로 풍기지 못함도 오래이다. 젊은이들에게 '꼰대'라고 손가락질당하기 일쑤이고 실제로 전철 내에서도 젊은 여성들의 기피대상이 된 서글픈 존재이기도 하다. 병원이나 은행에 가서도 의료사가, 잔소리

등으로 제대로 된 손님 대접을 못 받는 경우가 허다하다. 자식들에게도 귀찮은 부모로 인식되어 여기저기 몸이 아파도 자식들 관심의 끈은 먼발치에서 느슨하기만 하다.

세간에 '끝이 좋으면 다 좋다'는 속담이 있다. 의미를 바꾸어 말하면 '끝이 나쁘면 다 나쁘다'는 말이나 다름없다. 보잘것없는 끝물 인생으로 힘없고 기력이 소진된 끝물 노인이라도, 끝을 잘 마무리하는 삶의 예지(銳智)가 필요하다는 말이다. 말하자면 인생 말기에 어려운 일이라고 포기하거나 낙담을 일삼고, 남을 원망만 하거나 비방만 하다간 끝물의 삶마저 망칠 수 있다는 것이다. 결국 끝물의 속성인 끝이 나쁘면 더 나쁜 결과를 초래할 수 있고, 지나온 과정의 바른 삶도 훼손할 수 있다는 지적이다.

인생의 끝물이라 하더라도 어느 날 획기적인 변화의 기회를 맞이할 수 있다. 반전의 기회를 만들 수 있으며 새로운 삶의 지평선을 열 수 있다는 것이다. 그게 인생이며, 한마디로 말해 기적(奇蹟)이기도 하다. 기적은 누가 만들어 주지도 않고 열어 주지도 않는다. 바로 내가 설계하고 내가 실천하여 효과를 보는 것이 기적이다. 헛된 꿈의 설계는 끝물을 끝내 퇴물로 만들어 폐기의 대상이 되고 만다. 끝물에 새로운 생기를 불어넣어 새로운 설계로 새살림을 차려야 한다. 이를테면 80에서 100세 시대를 맞이하는 20년의 새살림을 이르는 말이다.

새살림에는 반드시 고난(苦難)과 고통(苦痛)이 뒤따르게 마련이다. 우리 인생사에 조그만 업적이라도, 개인의 인생사에도 고통 없이 이

록한 업적(業績)은 없다. 새살림이라고 해서 거대한 계획은 아니다. 그러나 어렵고 고통은 따르게 마련이다. 나의 일상을 세밀하고 냉정하게 들여다보면서, 무엇보다도 건전한 마음가짐을 갖도록 노력하고, 잘못된 생활 습관은 과감히 고치며, 친구와의 관계를 조금이라도 더 개선해 나가도록 노력할 것이 요구된다. 나를 일깨워 주는 호명(呼名)은 있을까…!!

삶을 포기하는 이유

　우리나라 통계청의 발표(21.9.28)한 바에 의하면, 지난해 한국인의 자살 사망률은 전년에 비해 줄었으나 전체 사망자는 1만 3,195명으로 하루 평균 36.1명이 자살했다고 한다. 이는 인구대비 자살률에서 OECD(경제협력개발기구) 회원국 38개 나라 중 1위이며, OECD 전체 평균치의 2배가 넘는 수치이다. 사망 원인 순위에서는 암, 심장 질환, 폐암, 뇌혈관 질환에 이어 자살이 5위를 차지하고 있다. 교통사고 9위보다도 훨씬 많은 숫자이다. 자살률은 청년층에서 특히 늘고 있으며, 여전히 80세 이상이 가장 높았고, 남자가 여자보다 2배 이상 더 높은 것으로 나타나고 있다.

　우리나라 국민의 자살 현황이 심상치 않음을 보여주는 현상이다. 문제는 우리나라에서 살기 싫고 죽고 싶다는 사람이 그만큼 많고 점차 늘어나고 있다는 것이 사실이다. 왜 그럴까? 우리나라가 전보다 경제도 발전하고 모든 편의시설도 양호해졌고 먹고사는 것도 풍부해져 삶의 여건은 전에 비해 확실히 나아졌다. 그런데 이 풍족한 환경 속에서, 왜 나만 죽고 싶은 것일까…? 나만 못나서, 남보다 뒤처지는 삶이라서, 아니면 모든 게 싫고 주변 사람 모두가 미워서인지도 모른다. 아무튼 자살하는 사람은 '자신의 삶 자체가 스스로 견디어 내기가 너무 버겁고 죽으면 편안해질 것'이라는 안이한 생각이 지배하고 있어 그런 것 같다.

사람은 태어나서 언제이건 한 번 죽는다. 어떻게 죽느냐의 여부는 각자의 자유로운 몫이기도 하다. 본의 아니게 타의에 의해서 죽는 경우도 허다하지만 자기 스스로 목숨을 끊는 사례가 수없이 많다. 자살하는 사람은 '내가 내 목숨을 내 마음대로 끊는데 어떠냐?'고 할지 모르지만, 목숨은 자기에게 담보되어 있는 것이 아니라 하늘의 뜻이라는 말이 맞다. 자기 목숨을 끊는 사람이 오죽했으면 귀중한 생명을 스스로 끊었겠느냐는 물음에 명확한 답을 내놓기는 어렵기도 하다. 사실 죽겠다는 결심 끝에 죽음의 막바지에 이르지 못해 본 사람은 자살에 관해 왈가불가할 자격은 없다는 지적에도 동의하고 싶다.

정부는 우리나라 사회에 자살 풍조가 만연되고 있음을 중시, 자살 예방을 위해 백방의 노력을 경주하고 있음은 주지의 사실이다. 정부 내에 자살 문제를 전담하는 부서도 만들고 자살 문제를 담당하는 삼당 인력도 대폭 확충하고 있다. 언론의 자살 사건 보도도 자살 모방 방지를 위래 여러 가지로 노력하고 있는 것으로 이해되고 있다. 그러나 자살 방지를 위한 모든 노력이 소기의 성과를 거두지 못하고 있음이 오늘의 현실이며 오히려 청소년, 연예인, 노인의 자살은 늘어나고 있는 실정이다. 그 요인은 무엇 때문일까? 절박한 순간에 자살을 자행하는 원인은 도대체 무엇이란 말인가…?

첫째, 우리 사회의 부조리 및 병리적 현상에 따른 부작용이 크다. 우리 사회에 만연되어있는 승자독식(勝者獨食), 외모 지상주의, 부정부패 등에 따른 사회적 압력 및 폭력이 개인의 생존권을 위협할 정도로 스트레스를 주고 있기 때문이다. 나만 못나서 사회적 외톨이가 되었다는 자학적 낙담이나 나로선 내게 다가온 이 난국을 도저히 극복할 수 없다는 생각에서 자신의 삶을 포기할 수밖에 없다는 절박감에 사로잡히는 경우인 것이다.

둘째, 치열한 경쟁 사회에서 '너 죽고 나 살자'는 제로섬 게임(zero-sum game)이 난무하고 사기꾼이 득실거리는 사회현상에 기인한다. 권력이나 기업경영 경쟁에서 자신이 다시는 회생하지 못할 때까지 짓밟히는 잔인함을 당할 경우, 또는 도저히 상식적으로 용납이 안 되는 권력의 희생물이 되었을 경우가 흔하다. 이런 상황에서 내 삶을 던져서라도 진실을 밝히고 상대에게 당한 원한을 되갚아 주겠다는 엉뚱한 생각이 지배하게 된다.

셋째, 가정의 화목한 분위기가 실종되고 있다는 점을 들 수 있다. 우리네 가정에서는 부동산 폭등, 사교육 문제, 생활비 증가 등을 둘러싸고 불협화음(不協和音)이 끊이질 않는다. 사교육에 대한 아이들의 스트레스가 집안 내 갈등으로 심화되고 부동산에 대한 잘잘못이 부부간 불화 내지는 이혼으로 번지기도 한다. 노인 부모에 대한 자식들의 무관심이나 학대가 노인들의 극심한 우울증을 유발하기도 한다.

삶이란 원래 고통의 연속이란 말이 맞지 싶다. 희열이 있으면 반대로 절망이 도사리고 있다. 내가 행복하면 남이 불행할 수도 있다. 대나무 숲 향기와 같은 삶이 있는가 하면 사막의 모래바람을 맞는 삶도 있다. 사람은 때때로 사는 게 점점 힘들어지고 그 고통을 감내하기 힘들어진다. 결국 내 삶의 기쁨, 자존감, 존엄성 등이 무색해지고 자신의 위치, 품위도 잃어버린 채 유일한 탈출구를 고려하고 만다. 자신은 그 길이 원망스럽고 바람직하지 않다는 것을 알면서도 혼자만의 외로움, 고독 등을 만끽하면서 최후의 길을 선택하기도 한다.

행복한 사람도 어두운 그림자가 있게 마련이고 결핍과 불안에 휩싸이기도 한다. 그러나 사람은 산다는 것 자체가 행복이고 살아있다는 현실이 행복이다. 독일의 유명한 작가 헤르만 헤세는 "절망은 인간의 삶을 이해하고 정당화시키려는 진지한 시도의 결과이다. 절망은 정의와 이성으로 살아가며 책임을 완수하려고 노력한 결과로 생겨난다."라고 지적했다. 우리가 절망하고 또 절망하더라도 그 절망은 내 삶의 새로운 출로를 확보하기 위한 절망일 수 있다. 누구나 절망할 수 있으나 그 절망을 사랑하려고 노력하면 절망이 바로 내 삶의 원천(源泉)으로 또는 은혜(恩惠)로 둔갑할 수 있다는 게 우리들 삶의 진정한 원리라 하겠다.

죽음을 내 스스로 만들 수 있지만 이를 예방하고 방지할 수 있는 것도 내 몫이요, 내가 마땅히 할 일이다. 모든 삶의 과정에 고통이 수반됨은 당연한 이치이며 순리이기도 하다. 행복한 삶에도 뜻하지 않게, 예고도 없이 고통이 다가올 수 있다. 우리가 당면한 고통의 삶을 바르게 옳은 길로 인도하기 위해서는 항상 고통의 양이 적어지도록 노력해야 하며 또한 그 고통의 기간이 최대한 단축하도록 힘써야 하고 아울러 고통의 맛이 달콤할 수 있도록, 이를테면 나의 벗이 될 수 있도록 길들여져야 한다.

시각장애인도, 휠체어 환자도, 뇌졸중 환자도, 모두 열심히 살고 있는 게 우리네 인생이며 현실이다. 누가 누구보다 덜하고 낫다가 아니다. 생각하기에 따라 마음먹기에 따라 낫고 덜함은 일순에 극복할 수 있는 문제이며, 우리들 모두의 당면한 과제이다. 내가 나를 돌이켜 보면 보잘 것 없는 나에게도 무궁한 장점이 곳곳에 포진하고 있음을 깨닫게 된다. 사지가 멀쩡하고 눈이 보이고 귀가 들리고 걸을 수 있는 사람은 이 세상에서 제일 행복한 사람이다.

흩어진 영혼을 다시금 주워 담고 내 안의 새로운 영혼을 만들어 가는 것도 내가 해야 할 일이고, 내가 할 수 있는 내 몫이다. 내 몫의 버팀목은 바로 나이고, 내 마음의 다짐이다.

죽음에 대한 트라우마

　사람이 오래 살다 보니 '정말 죽고 싶을 때'가 있기는 하다. 하지만 기본적으로 '죽기는 싫고 죽음 자체는 생각하기도 싫다'는 것이 인간의 본성인 것은 맞다. 그러나 자신의 어려운 처지를 비관한 나머지 '이렇게 사느니 차라리 죽는 게 낫다'는 결의에 단행을 다짐하고 죽음을 스스로 선택하는 사람도 많기는 하다. 매일 "죽는다, 죽고 싶다, 더는 살 수가 없다."고 입버릇처럼 자신에게 되뇌면서도 언제 내가 그런 소리 했냐는 듯이 죽음과는 초연하게 밝고 명랑하게 사는 사람들도 흔히 있다. 남이 보기에는 열심히 일하고 노력하면서 매사에 열중하는 사람으로 보이지만, '죽지 못해 산다.'는 괴로움에 마음속 아파하는 사람도 널려있음을 본다.

　죽는다는 것은 쉬운 일이기도 하다. 반대로 죽음이 정말 어렵고 싫은 것 또한 사실이다. 사람의 목숨이 한낱 파리 목숨에 비유되어 가볍게 평가 절하되기도 한다. 그러나 모질고 끈질긴 게 사람의 목숨이라, 죽기가 그렇게 밥 먹듯이 쉬운 게 아니다. 누구나 자신이 원해서 이 세상에 태어난 것이 절대 아니다. 부모가 내준 목숨, 하늘이 내려 준 나의 생명, 그 자체는 너무나 소중하고 귀중한 존재이기 때문에 삶은 포기할 게 아니라 살 때까지 보물처럼 보존할 가치가 분명히 존재한다고 보아야 한다.

  죽기 싫다고 아무리 사력을 다해 죽음을 회피한다 하더라도, 죽음은 누구에게나 어느 때이건 공평하게 다가오고 만다. 다만 자신의 노력과 의술에 의해 죽음을 일정 기간 늦출 수는 있다. 노력에 의해 얼마든지 수명 연장이 가능하다고 자위할 수 있을지라도 영겁(永劫)으로 보면 잠시일 뿐이다. 누구나 죽음이 가까이 오고 있음을 느끼고 알아차릴수록 삶고 싶은 의욕은 반대로 더 강렬해지고 그 끈을 놓지 않으려고 발버둥 친다. 아마 이 순간이라는 기간에는 사람이 올바른 이성은 오간데 없고 오직 동물의 본성만이 지배하기 때문일 것이 분명하다.

  누구나 죽음이라는 엄연한 사실에 초연하기는 어렵다. 죽음의 시간이 엄습해 온다는 사실 앞에서는 불안과 공포감도 뒤따르기 마련이다. 건강 여부의 실상은 지나온 삶의 당연한 결과이며 그 책임은 전적으로 자신에게 있다. 그러나 사람들은 자신의 잘못을 후회하고 반성하기보다는 자신의 건강 악화를 외부적 요인에서 찾으려는 못된 습성을 반복한다. 예를 든다면 자식들이 속을 썩여서, 직장에서의 장기간 그놈의 스트레스를 받아서, 늙어갈수록 아내의 잔소리와 고집이 심해져서… 등등 남 탓에 익숙한 버릇을 합리화하려고 애쓰곤 한다.

  나이가 깊어 갈수록 죽음이라는 당면한 현안(懸案)에 자유로울 수는 없다. 70대 후반부터 주변 친구가 하나 둘 갑자기 중병에 걸리거나 타계했다는 소식을 접하고는 이제 죽음이 바로 나의 문제가 될 수 있다는 현실을 절감하기 때문이다. 80이 넘으니까 어느새 내 자신이 집안의 연장자 중 가장 나이가 많음이 밝혀지고, 몇 사람 안 남은 집안 어른들 중에서도 내가 앞 순위라는 것을 알게 되는 것도 큰 이유 중의 하나이다. 물론 코로나 사태의 장기화로 '언제고 노인이 코로나에 걸리면 죽을 수 있다.'는 강력한 죽음에 대한 경고 메시지도 한몫을 하고 있음은 두말할 나위가 없다.

여러 가지 정황상 죽음은 내게도 곧 올 수 있고, 멀지 않은 미래의 사건으로 어느 날 내게 성큼 다가올 수도 있다는 것이다. 작금의 현실을 감안해 볼 때, 오래도록 살 수 있다는 긍정적 전망에는 출로가 훤히 열려있지 못함을 본다. 자세히 보아도 짙은 안개 속으로 잘 안 보이는 편이고, 어느 경우엔 바로 옆이나 몸속으로 죽음의 마수가 깊숙이 들어와 있는 느낌도 든다. 이내 불안감에 함몰되어 잠 못 이루기도 하고 심한 공포감에 짓눌려 그만 허우적대기도 한다. 이게 바로 무서운 죽음의 트라우마(격렬한 감정적 충격)로 마음속에 자리매김하게 되어, 때때로 자신을 몹시 괴롭히기도 함을 느낀다.

사람이 살아가면서 이러한 죽음의 트라우마를 느끼고, 그 트라우마가 계속 자신의 머릿속에 잠복되어, 그런 트라우마의 늪 속에서 벗어나지 못한다면, 이는 고난의 역정이며 불행한 삶의 트러블이다. 정신으로나 육체적으로 건강에 부정적인 면이 우세하고 긍정적인 면은 찾아보기 어려울 것이 틀림없다. 그러나 트라우마가 내 몸 안에 고질화되기 이전에 그 트라우마를 자신의 건강과 행복한 삶을 위한 경고적 신호로 받아들여 내 삶의 쇄신의 계기로 삼는다면, 이는 내 삶에 일석이조(一石二鳥)의 긍정적 효과를 볼 수 있을 것이다.

　인생 말기에 생(生)에 대한 지나친 집착도 문제이지만 죽음에 대한 너무 강한 거부감도 문제이다. 죽음에 대한 트라우마는 더더욱 문제를 야기할 수 있다. 이 세 가지 문제가 서로 연계되고 꼬여 현재의 일상을 지배한다면 건강은 극도로 악화될 수가 있다. 설사 죽음이 얼마 남지 않았다는 생각이 다가오더라도 죽음 자체를 너무 무섭다고 외면해서는 안 된다. 죽음에 대한 슬기로운 마음가짐의 준비가 필요하다 하겠다. 죽음을 인정하는 마음, 편안한 마음으로 죽음에 대한 감사의 준비가 필요하다는 것이다.

　나는 70대 말에 종합병원에서 '연명치료포기각서'에 서명하고 증명서를 받아왔다. 고향 선산에다 죽으면 갈 자리(유골을 넣을 자리)와 비석도 마련하였고 집에 유서도 작성하고 다시 개정해서 준비해 놓았다. 죽음에 대비하여 '나다움'이라는 준비에 나름대로 실천을 한 셈이다. 하지만 나도 보통의 사람이니까 그래도 죽음에 대한 트라우마가 어쩌다 움찔움찔 순간적으로 나를 괴롭히고 있음을 인정할 수밖에 없다. 이것도 나다움이라면 그렇다. 마음이 여리고 감성적이며, 동적이지 못하고 정적인 데서 기인한다고 보아야 한다.

　아내는 늘 입바른 소리는 하지 않는 거라고 강조한다. 아내의 말이 맞지 싶다. 난 80이 훌쩍 넘었건만 아직 암에 걸린 적이 없고 치매와 뇌졸중도 아직이다. 밖에 나가 걸을 수 있고 밭에 나가 일할 수 있으며, 지금 글을 쓰고 있다. 이게 다 나의 고마운 행복이고 천운(天運)이기도 하다. 세간에 흔히 하는 말로 장수를 가늠하는 점수에서 '80세가 넘으면 90점이고 85세가 넘으면 100점'이라고 한다. 나는 100점을 향해 근접해서 달리고 있는 것이다.

어느 철학자가 "삶의 감동은 죽음을 사랑할 때 이루어진다."고 했다. "오늘 내가 죽어도 세상은 바뀌지 않는다. 하지만 내가 살아 있는 한 세상은 바뀐다."고 아리스토텔레스가 역설했다. 죽음을 사랑할 수 있을까…? 아니다. 오늘의 삶을 사랑해야 한다. 웰빙(well-being, 건강한 삶)이 웰다잉(well-dying, 사람다운 죽음)보다 더 중요함은 현실이고 중요하다. 난 죽음을 사랑하기 어렵다. 난 죽음을 사랑할 수 없는 보통 사람의 수준인 것이 맞다. 종교개혁의 선구자 마틴 루터는 "천국은 감사하는 자만이 가는 곳이다"라고 설파하였다. 아무튼 모든 것을 사랑하고 살면 복(福)이 오는 것은 사실이다. 늘 감사하고 살자.

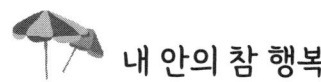 **내 안의 참 행복**

행복한지 아닌지….
언제나 밖에서만 찾으려 한다.
남들이 가진
돈, 지위, 명예를 탐내어 견주기를 즐긴다.
나는 없다고
가진 게 적다고 너무 보잘것없다고
나를 나무라고 또 탓한다.

행복이란 바라기만 하면 오나….
마음을 비우고
기대 수준을 낮추면
행복은 오고 또 올 수도 있다.
나를 더 사랑하고 나를 정말 존경해도
남을 더 사랑하면서,
내가 겸손하면
행복은 오고 또 올 수 있다.

내가 걸을 수 있고
내가 말할 수 있고 볼 수 있다면
난 더 바랄 것이 없다.
난 가장 행복한 사람이다.

행복은 그렇게 저렇게….
먼 곳에 있는 것이 아니다.
밖이 아닌 나의 가장 가까운 지척에

내 안에서 찾고 느껴져야 한다.
조그맣고 사소한 것이라도
내 것이라면
소중하고 값지고 귀중하다.

바로 내 안의 나를 찾는 일이
소중한 행복이다.

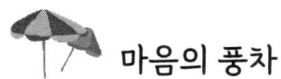 **마음의 풍차**

내 마음 나도 몰라
알 것도 같지만
나도 모르고 너도 모르는 건 마찬가지다.

수없이 겪었고 참았고
견디어 냈지만
나도 아프고 너도 아픈 건 매한가지이다.

끝없이 고맙고 감사하고
뜨겁게 느껴지지만
나도 시리고 너도 시린 건 똑같다.

우리가 헤어질 때
나도 그랬고 너도 말없이 바라만 보았다.
바람에 실려 갔나 구름에 실려 갔나….
약속도 없이 기약도 없이
너는 가고 말았다.

언제고 비바람이 몰아치면
고운 마음으로 정다운 마음으로
마음의 풍차에 다시 실려
너는 내게로 다시 오고야 만다.

그때가 언제일까….
바로 내일이 될 수 있다.

II.
내 안의 나를 찾는 길

인간의 양면성

고대 그리스의 철학자 플라톤은 "인간은 선(善)과 악(惡)이 모두의 내면에 존재한다."고 했다. 원래 세상에 선이 강한 사람이 있는 반면, 악이 강한 사람이 있다. 선과 악이 서로 혼재하여 구분하기 어려운 회색지대(灰色地帶)에 있는 사람도 있다. 세상에는 100% 착한 사람이 없다는 뜻이다. 사람의 성격으로 보아 긍정적인 사람이 대부분 선한 쪽을 선호하며, 부정적인 면에 치우친 사람은 악한 쪽에 무게를 더 두는 편이다. 아무리 착하게 사는 사람이어도 경우에 따라선 악의 끈질긴 유혹에는 자유스럽지 못하며 악에 한 발 들여놓고는 희열을 느끼기도 한다. 때로는 악과 마주하고 넘나들다 양심을 바로 세운 채 갈등하고 투쟁하여 악의 기운을 말살하기도 한다. 마침내 선이 이겼다는 신념에 만족해한다.

누구에게나 살다보면 삶의 양지(陽地)가 있으면 음지(陰地)가 있게 마련이다. 그늘진 음지는 볕이 안 들어 습기도 많고 냄새도 나며 지저분하다. 한참 잘 나갈 때는 '내게는 전혀 음지가 다가오지 않는다.'는 신념하에 양지만 있을 것이란 착각 속에 안주한다. 항상 양지의 따스한 햇볕 속에 '복 내린 왕자'임을 자처하면서 그늘에 가려 어깨가 축

처진 사람들과는 도저히 어울릴 수 없다는 고정관념을 굳히고 산다. 양지에서의 신나는 페달을 더 세게 밟아대며 음지의 사람들을 무시하고 외면하기 일쑤이다.

　삶이란 원래 오르막이 있으면 내리막도 있게 마련이다. 가정사정도 그렇고 건강도, 공부도, 운동도, 출세도, 돈도 늘 일정하게 좋은 수준을 유지할 수가 없다. 그래서 사람들은 '잘나갈 때 조심하고 남에게 잘하라.'라고들 말한다. 그러나 일단 출세한 사람들은 음지에서의 어려웠던 지난날을 까맣게 잊어버리고 삶의 바른 길을 외면하기 일쑤이다. 가난에 찌들어 있던 사람이 어쩌다 거부가 되면 과거를 잊고 거들먹거리며 오히려 인색함을 더 내세운다. 사람들은 그를 두고 '개구리가 올챙이 적 생각을 안 한다.'는 속담을 빗대며 혀를 차지만 다 소용없는 일이다.

　내 안의 추억도 마찬가지다. 기억하고 오래 보관하고 싶은 일들이 있는가 하면 백지장처럼 하얗게 잊어버리고 싶은 일이 있다. 지난 일들을 생각하면 할수록 내 안의 아름다운 추억은 나를 아름답게 포장하여, 나를 즐겁게 해준다. 이러한 추억들은 나의 기를 세우고 활력을 돋우며 내일의 동력을 창출하는 힘과 버팀목의 역할을 해준다. 이와는 반대로 지우고 싶은 생각, 기억 속에서 소멸하기를 바라는 추억은 항상 나를 옥죄이고 괴롭히며 못살게 군다. 나쁜 기억, 추한 기억, 내가 잘못한 기억 등은 사라지지도 않고 어디서 기를 받는지 나의 뇌리 속에 굳건히 자리 잡고 기생한다.

　그러면 지금까지 내가 살아온 과정은 어떤 길이었고 어떻게 살아왔을까…?라는 질문을 던져본다. 양지에만 안주해서 밝은 햇볕에 만족하고 오만한 자세로 일관해 살아온 것은 아닌지? 아니면 음지에서 고생만 하고 햇볕도 전혀 받지 못한 상황에서 항상 고개 숙이고 웅크리고 수치스러운 삶을 살았는지? 오르막만 걷다가 한순간에 낭떠러지기로 굴러 떨어져 거대한 절벽 아래서 신음하고 지낸 적은 없는지? 냉정한 자성(自省)의 잣대를 들이대어 나를 뒤돌아보고 반성해보았으면 한다.

내 운명의 신(神)은 항상 내 편이었다고 자부하고 싶다. 운명도 도전자의 편이고 개척자의 결과라는 지적에 동의한다. 내가 지금까지 의기소침으로 일관하고 자신감을 포기하며 살았다면, 아마 나는 절망의 절벽에서 헤어 나오지 못했을 것이다. 아니면 절망의 깊은 굴곡에 갇히어 지금도 허우적대고 있을 것이 분명하다. 혹시라도 일찍 승천했다면 천당에도 못 가고 지옥에서 지난날을 반성만 하며 헤매고 있을 것이 틀림없다. 누가 뭐래도 난 오르막이나 내리막길을 오가면서 이쪽저쪽에 균형을 잡으면서 나름대로 이 어려운 세상의 역경을 슬기롭게 극복해나감으로써 오직 나만의 정체성을 이만큼 굳건히 확립하고 살아온 것이 틀림없다.

나의 지나온 인생살이에 크게 자랑할 것은 별로 없다. 다만 악의 쪽에서, 남에게 해를 입히고 남을 괴롭히고 살지는 않았다. 또한 음지에서, 내리막길에서 고생만 하고 살지도 않았다. 그러나 최고의 지위로 오르기 위해, 또는 부자가 되기 위해서 모든 수단과 방법을 동원하는 오욕(汚辱)의 삶을 살지도 않았고, 실제로 고지에 오르지도, 도약하지도 못했다. 내겐 남보다 용기가 부족했고 욕심이 덜해서 그랬는지는 모르겠다. 아무튼 정상의 위치에서 아래를 내려다보고 자만하고 만족해보지는 못한 것 같아 조금은 섭섭한 감이 있다. 내겐 능력과 실력이 부족해서일까? 그렇지는 않은 것 같다. 다만 결단력, 열의, 끈기, 투쟁력, 집중력, 이기주의적 마음가짐, 돌파력, 도전정신 등에서 부족했다는 점은 여러 가지로 인정하지 않을 수 없다.

그래도 내 안의 자부심을 갖고 자신을 지탱해 온 양심, 선한 마음, 나눔, 양보, 이해심 등에서, 나는 남다른 미덕을 보여주며 산 것은 틀림없다. 구태여 점수를 좀 보태어 준다면 보기 좋은 삶이었고 사람다운 삶이었으며, 남들이 부러워할만한 삶이었다고 말할 수도 있다. 삶의 가치와 존재의 가치라는 점에서 나의 삶은 그렇게 헛되이 살지는 않았다고 주장하고 싶다. 인생살이에서 결국은 선이 이긴다는 신념과 확신을 갖고 산 내 인생이 아니냐고 주장하고 싶을 뿐이다. 나는 앞으로의 여생(餘生)도 그렇게 살아갈 것이며, 그렇게 마감할 것이라고 굳게 다짐해 본다.

나이 듦의 미학

내 고향 용문의 용문사 앞뜰에는 수령 1,100년이 넘은 은행나무가 우람하게 자리하고 있다. '1962.12 천연기념물'로 지정되어있는 보호수로 우리나라에선 제일 크고 세계에선 2번째로 큰 은행나무라고 한다. 예부터 전해 내려온 이야기로는 신라의 마지막 임금인 경순왕의 아들 마의태자가 금강산으로 가전 중 심었다는 설이 있고 그 당시의 의상 대사가 짚고 다니던 은행나무 지팡이를 꽂은 게 살아나 자랐다는 설이 있다. 우리나라의 6.25전쟁, 4.19혁명, 5.16군사혁명 등 큰 이변(異變)이 발생할 때마다 큰 굉음을 내었다는 동네 사람들에 의한 설화(說話)도 있다.

누구라도 이 용문산 은행나무 앞에서 나무를 바라보면 마음과 몸이 혼연일체(渾然一體)가 되어 경건(敬虔)하고 숙연(肅然)해짐을 느낀다. 우선 거목(巨木) 또는 거수목(巨樹木)이라는 은행나무의 장엄함에 제압을 당해서도 그렇거니와 고루한 나무의 역사성(歷史性)을 이해하고 나선 더욱더 누구나 머리가 숙어짐을 피하지 못한다. 나무의 연륜(年輪)인 나이테가 1,100여개 그려져 있을 것이라는 사실과 함께 내 나이 이제 80을 훌쩍 넘겼음을 대비해 보니, 은행나무가 지니고 있는 나무연륜의 무게감, 인간과 나무의 속성, 수난(受難)의 역사성 등은 우리 모두에게 감동을 주고 있음이 분명하다 하겠다.

이 은행나무의 전모를 머릿속에 떠올리면서, 요즘 우리들 인생사에도 용문산의 은행나무 같은 거목의 버팀목이 있었으면 싶은 게 간절한 바람이고 꿈이라는 생각이 앞선다. 우리들은 작금의 사회적 혼란과 함께 정치적 갈등과 분란을 일거에 해결해 줄 수 있는 거목과 같은 희대의 인물에 대한 갈증에 목말라하고 있기 때문이다. 뛰어난 성군(聖君)이 아니라도 좋다. 보통의 임금이라도 산적(山積)한 백성의 문제를 풀어주고 해결해 주었으면 하는 게 바람이다. 무엇보다도 적대적 관계로 갈라진 국민 간 대립, 하늘 높이만큼 올라 있는 집값, ICBM을 쏘아대며 전쟁위협을 일삼는 북한의 미치광이 발광 등 첩첩히 쌓인 우리의 당면한 현안은 누구라도 시급히 해결해야만 할 중대한 문제인 것이다.

우리나라의 정치 경륜도 이제는 거목은 아니더라도 정착할 만큼 나이테가 돌아 나이를 먹었다 할 수 있다. 우리 속담 말로 '나잇값을 할 때가 되었다'는 것이다. 해방, 독재, 민주화, 우경화, 좌경화 등의 정부를 거치어 경험할 것은 모두 이겨내고 다져왔다. 그 어려운 평화적 정권 교체의 주고받음도 성공적으로 이루었다. 누가 뭐래도 우리나라는 세계에서 민주화가 착실히 발전한 국가이고 이에 맞추어 경제도 발전하여 선진국으로서의 발돋움이 성사된 나라임이 맞다. 국민의 민주정치 의식도, 세계적 문화·예술의 콘텐츠도, 다양한 지적수준도 등등의 내용을 보더라도 우리나라의 모든 국가적 역량(力量)은 다른 선진국에 비해 못하지 않다는 평이 대세임을 느낀다.

　국가 정책에 대한 국민 간 이견으로 서로 대립과 갈등, 분란의 확산이 긍정적인 면에서 본다면, 국가 발전과 도약의 원동력도 될 수 있다. 이견과 분란이 없는 나라는 독재국가이거나 이념적으로 사회주의, 공산주의를 추구하는 나라이기 때문이다. 러시아, 중국, 북한, 베트남, 쿠바 등이 이에 속한다. 그러나 대립과 분란이 국가 발전을 위한 것이어야지, 자파의 정치적 목적만을 도모하는 것은 국가 발전이 정체되고 후퇴하기 십상이다. 국가 이익을 위한 면에서는 서로 이해하고 타협하며, 서로 협력하며 공유하는 협치 정신이 배가되어야 한다고 주장하고 싶다.

　우리말 속담에 사람은 나이가 들면 '나잇값을 해야 한다.'고 했다. 또한 혹자를 가리켜 '나이를 헛먹었다.'고 하는 속담도 있다. 나이에 비해 제구실을 하지 못하는 사람을 두고 이르는 말이다. 이런 사람들은 주변이나 사회에서 하나의 인격체로서 제대로 된 대접을 받지 못하고 있다는 뜻이다. 국가도, 정치 세력도, 개인도 그런 면에서 우열의 평을 듣는 것은 마찬가지이다. 이럴 때일수록 우리 모두는 어느 마을 입구의 랜드마크 격인 은행나무나 느티나무처럼 연륜이 묻어있다는 평을 들어야 한다. 이를테면 나이 듦의 지혜가 배어남으로써 사람다운 사람의 인품이 돋아나야 한다는 것이다.

　더하여 우리에겐 이 어지럽고 혼탁한 사회에 일대 경종을 울리는 제야의 종소리와 같은 의미로서, 백성을 바른 길로 인도하는 나이 듦의 지혜로운 의인(義人)이 있었으면 좋겠다. 그의 말씀이라면 만백성이 고개를 숙이고, 수긍하고 동의하며 존경하고 떠받드는, 그래서 이 사회의 온 누리가 조용해지고 평온해지는 그런 거인(巨人)의 내림(來臨)이 존재하였으면 좋겠다는 것이다. 차제에 우리 모두의 간절한 소망과 바람이 어느 화산의 용암처럼 힘차게 치솟고 있음을 피하지 못한다.

작금의 세상은 인공지능(AI)을 위주로 한 제4차 산업 혁명의 대전환기를 맞이하고 있다. 국가도 개인도 이 추세에 효율적으로 적응하여 자기변혁의 혁신이 그 어느 때보다도 절실히 필요한 때라 하겠다. 조금이라도 이 대세의 흐름을 거역하고 역주행(逆走行) 한다면, 우리는 다시금 선진국 문턱에서 주저앉아 후진국으로의 후퇴를 면치 못할 것이다. 지금이야말로 우리 모두가 한 번 더 진일보한 삶의 방향과 지침을 설계하고 실천하여, 오늘의 삶을 업그레이드한다는 점을 굳게 명심할 때 나이 듦의 미학은 빛날 것이 틀림없다.

무엇보다도 내 안의 나를 찾는 성찰(省察)의 기회를 통해 현재보다는 더 나은 국가와 더 나은 나를 만들어나간다는 지혜로움이 있어야 한다. 아울러 모두가 좀 더 가치 있는 삶을 유지하기 위해 나이 듦에 적합한 '도전과 헌신'이라는 명제를 거울로 삼을 것이 요구된다 하겠다.

내가 부러운 사람들

　살만큼 살아 보니 세상을 보는 시야도 좁아지고, 자신의 희망과 소망도, 꿈과 바람도 별로 없다는 생각에 동의한다. 그러나 이 나이에도 내게는 부러움을 주는 사람이 있음을 가끔 느끼곤 한다. 그 사람은 인생을 큰 성공으로 마무리한 사람도 아니고 특별히 유명하게 이름을 날린 사람도 아니다. 또한 지금 돈을 벌고 있는 사람도 아니고 특별한 일을 하고 있지도 않다. 그저 평범한 월급쟁이로 정년퇴직한 사람으로 팔순이 지난 친구이지만, 그를 주변에서 유달리 싫어하는 사람도 없고, 그를 시기하는 사람도 없으며, 더더욱 미워하는 사람이 없다는 것도 사실인 것 같다.

　세상만사 마음먹기에 달려 있다고 한다. 내가 그 친구를 오랫동안 좋게 보아 왔고, 그와의 친숙도가 높기 때문에 좋은 쪽으로만 보는 것인지도 모른다. 다른 사람이 보기에는 나의 지나친 편견(偏見)일 수도 있고 착시 현상이 굳어진 결과라고 말할 수도 있다. 그러나 그 친구는 나이에 비해 유난히 건강한 편이고, 욕심 내려놓기에 너무나 익숙하며, 나눔에도 앞서 나가는 진취적인 사람이라는 데는 이의가 없다. 그의 아내도 아주 건강하고 자식들도 모두 잘 되고 있어, 집안 내에는 걱정거리가 전혀 없는 친구인 것이 사실이다.

  부부가 같이 건강하고 의식주(衣食住)에 별 문제가 없으며 자식들이 모든 면에서 잘 자리 잡고 있음에, 그 친구는 행복이라는 꿈의 주제를 몸 안에 안고 산다고 말할 수 있다. 한마디로 말해 '무슨 복(福)이 많아서 그럴까?'라는 의문을 갖고 이리저리 보아도 복을 달고 사는 처지임이 맞지 싶다. 물론 그 친구 본인으로서는 '장관도 못 하였고 부자도 못 되었는데 무슨 복이고 행복이냐?'라는 반론을 제기할 수도 있다. 그러나 내가 보기에도 '그 친구는 천운을 타고난 행운의 길을 걸어왔다.'라고 해도 과언은 아니다.

  그와 나는 입사 동기생이고 공히 평범한 사람이다. 그는 사관 학교를 나왔고 나는 일반 대학을 졸업했다. 당연히 그는 나보다는 훨씬 부지런하고 어떠한 일에든 몰입하고 전진하는 성격이다. 그는 박사 학위를 취득했고 나는 석사학위에 그쳤다. 요즘 그는 외국어 공부에 열중하고 있으며, 나는 독서와 글쓰기에 치중하고 있다. 재산 형성에는 둘이 다 재주가 별무해 거기서 거기 수준으로 보통의 수준에서 별차 없다고 하겠다. 그는 성격이 나보다는 까다롭고 자기 보호주의적 성향이 짙은 데 비해 나는 부드럽고 유연한 편이다. 나눔의 마음, 양심과 도덕, 윤리 면에선 우열을 가리기는 힘들다. 그러니까 우리 사이는 모든 부문에서 절친의 관계인 것이며, 요즘말로 해서 '깐부의 관계'라면 딱 그렇기도 하다.

  사람은 누구나 장단점이 있기 마련이다. 내가 그 친구를 좋아하고 부러워하듯이, 아마 그 친구는 어느 면에서 나를 부러워할 수도 있것이다. 예를 들어 내가 수필집을 8권이나 발간했으니 하는 말이다. 또한 내가 그 친구보다는 말도 더 잘하는 편인 것 같다. 남의 비위를 맞추어 말한다든가 우스갯소리에도 내가 그 친구보다는 능수능란한 면이 있으니까. 또한 친구들에게 밥을 사는 기술도 내가 한 발 앞서가기 때문이다. 그러니까 그 친구가 나의 이러한 면을 부러워할 수도 있다는 것이다.

내 자신의 지난날을 돌이켜 보면, 지금의 상황과는 달리 부러움을 마음 한 구석에 달고 살았다 해도 틀린 말이 아니지 싶다. 인생은 젊어서부터 어떻게 보면 경쟁의 관계에서 누구나 자유스럽지가 못하고 살기 때문이다. 학창 시절엔 공부를 잘 하는 사람이 부럽지는 않았는데 운동이나 웅변을 잘하는 친구는 너무 부러웠다. 직장을 다니고부터 일 잘하는 사람보다는 실력(어학, 글쓰기 등)이 뛰어난 사람이 부러웠다. 중·고등학생 때는 부모님 있는 친구가 너무 부러웠고, 결혼하고는 집을 소유한 친구가 가장 부러운 대상이었다.

부러움이라는 마음가짐은 예나 지금이나 비교하는 습성에서 비롯된 것이라고 단정할 수 있다. 사람이니까, 생각하는 동물이므로, 경쟁과 싸움이 난무하는 사회에서 남과 비교하고 사는 게 불가피한 삶의 길이기도 하다. 그러나 비교하는 습성은 잘못하여 고질화되면, 자신을 책하고 자학으로 몰고 가는 처지가 되기 쉽다. 때문에 우리는 남과 비교하는 데 치중하고 살기보다는 나의 장점을 살려, 이에 몰입하는 마음가짐을 가져야 한다는 게 인생의 정도이다.

세상은 넓고 세월은 길기만 하다. 내 인생은 내가 결정하고 내가 걱정하면서 살아온 결과인데, 비교하다 보면 무엇인가 나만 부족한 것 같고 나만 부실한 것 같다. 사람이 실없이 망상에 빠지다 보면 헛것이 보인다고 한다. 비교에 빠지면 왜인지 세상이 좁아 보이고, 부질없어 보이며, 갈 곳이 없어 보인다. 큰 나무, 큰 바위만 쳐다보았자 답이 나오는 것은 아닌데 내려다보는 기술은 오간 데 없다. 건물을 지으려면 모래와 자갈이 필수이건만 이를 간과하고 한탕, 큰 것, 대복만을 지향하다 모든 것을 놓치고 만다.

　중국 명나라 때의 유명한 수양서 〈채근담(洪自誠 저)〉을 보면 '지극히 덕이 높은 사람은 그저 평범한 사람이다.'라고 하면서 '마음 따뜻한 사람만이 복도 두텁고 오래간다.'고 하였다. 법정 스님은 "탐욕은 모든 악의 뿌리"라고 하면서 "우리들은 너나 할 것 없이 무엇이건 자꾸 채우려고 할 뿐 비울 줄을 모른다."고 하였다. 우리들 내 보통사람들이 부자, 출세한 사람들을 부러워해 보았자 내 삶의 경쟁력이 강화되는 것은 결코 아니다. 부모를 탓하고 내 자신을 탓한다고 내가 부러운 사람을 따라잡을 수는 없는 노릇이다. 부러움의 본질인 욕심을 내려놓고, 내 수준에 맞는 삶의 진로에서 밝고 명랑한 삶을 유지하고, 이에 더하여 따뜻한 마음의 겸손과 나눔에 정진한다면, 부러웠던 사람을 어느 결에 능가할 수 있는 것이다.

　세상에는 잘난 사람이 무수히 많다. 세계적으로 유명한 사람도 많고 국내적으로 유명한 사람도 셀 수 없을 정도로 많다. 그들 무수한 사람들은 뭇사람들로부터 추앙과 존경심을 받고 있다. 나로선 지금

그들이 그렇게 부럽지 않다고 생각한다. 나는 살만큼 살았고 욕심도 내려놓을 만큼 내려놓았기 때문이다. 사실 그 유명한 사람들을 부러워해봤자 나로선 아무런 득도, 소용도 없다. 그 사람들의 유명한 것은 전생애를 피와 땀으로 일군 성과인데, 나에겐 이제 그러한 피와 땀을 일굴 능력도 기운도 없다는 점을 잘 알고 있다.

요즘 대통령 선거를 앞두고 누구는 고시를 9번 만에 합격하여 검사, 검찰 총장을 마치고 끝내는 대통령 후보자까지 되었다. 어느 사람은 고등학교도 못 나오고 검정고시를 거쳐 대학 장학생으로 고시에 합격하여 시장, 도지사를 거쳐서 대통령 후보자가 되었다. 장관 한 자리 하려고 자기 이념, 지조를 헌신짝처럼 버리고 적진으로 이적하는 사람도 수없이 많다. 국가의 안보나 나라 경제가 바닥나더라도 남의 일인 양 자기의 정치적 목적을 위해선 괘념치 않는 정치꾼들도 수없이 많다. 나는 이런 사람들이 절대로 부럽지 않다.

오히려 이런 사람보다는 평생 연기 생활에 열중한 배우 윤여정의 아카데미 여우조연상 수상(2021년)과 연극배우 오영수의 골든글로브 남우조연상 수상(2022년)이 무한히 값지고 더 부럽다. 오영수씨는 수상 소감에서 "우연한 기회에 행운처럼 온 게 아니라 작은 내 몫 가운데서 지금까지 한 길을 흔들리지 않고 걸어온 것에 대한 보답이라고 생각한다."고 답하는 것을 보고는 내 가슴이 정말 뭉클함을 느꼈다.

나이 80대의 인생은 희망보다 걱정이, 소망보다 절망이 앞서는 시기라고 하면 그렇기도 하다. 여기에다 우리나라 정치권에서 매일 보여주고 있는 일연의 수준 낮은 혼란에다 나라의 경제적 불확실성마저 겹쳐서, 노인들에겐 걱정의 테두리가 점점 산더미처럼 커지기만 한다. 각자도생(各自圖生)이라는 말이 유행인 가운데 코로나 팬데믹마저 우리들의 우울감을 가일층 옥죄이고 있는 실정이다. 혼자 슬기롭게 살아나가는 방법을 알고 싶다. 어느 곳으로 어떻게 가야 할 것인지…. 작가 정비석의 말처럼 "암연(黯然)히 수수롭기만 함"을 금치 못한다.

감동을 주는 사람들

우리 사회에 감동을 선사하는 사람들은 셀 수 없이 많다. 무한 경쟁과 이기적 만능주의가 극도로 심화되고 있는 우리사회에서, 감동을 주고 있는 사람들이 넘치고 있다는 것은 너무 희망적이고 고무적인 현상이다. 오늘의 삶이 '너 죽고 나 살자.'는 제로섬 게임(Zerosum game)이 난무하는 각박한 세상임에도 불구하고, 남을 위해 선도적 선행과 봉사에 앞장서는 사람들이 많으며, 희생정신에 투철한 사람들도 수없이 많다는 사실에 놀라지 않을 수 없다. 그뿐만 아니라 노블레스 오블리주(Noblesse oblige, 높은 사회적 신분에 상응하는 도덕적 의무)를 몸소 실천하는 사람들도 많기는 하다.

얼마 전 어느 할머니가 느닷없이 강남 구청을 찾아와 1억 5,000만 원의 기부금을 익명으로 쾌척하면서 "홀몸 노인과 어려운 이웃에 써 달라."고 당부하였다고 한다. 참으로 이 할머니는 하늘에서 내려준 '천사 할머니'라고 말하고 싶을 뿐이다. 할머니가 80대의 노인 할머니라고 하니, 아마 십중팔구는 평생 절약하고 검소하게 살아 모은 전 재산을 기부하였을 것이 분명하다.

요즘 우리나라의 넷플릭스 〈오징어게임〉이 전 세계인의 감동을 불러일으키고 있음을 본다. 이 드라마의 주인공인 배우 오영수(77세)씨가 어느 치킨회사의 광고 제의를 정중히 거부했다고 하는데, 그 이유가 우리들의 마음을 찡하게 울려주고 있다. 그는 "내가 혼신의 힘을 다해 깐부(단짝 친구나 짝꿍의 뜻)라는 연기를 다했는데, 내가 닭다리를 들고 광고나 하면 사람들이 깐부에서 뭘 연상하겠어요."라고 말했다. 평생을 단역배우로 살아왔지만 잘 살지도 못하는 그의 처지에 거액의 목돈을 줄 수 있는 광고 제의를 거절하기는 쉽지 않았을 것이다. 그는 돈보다 자신의 지조와 명예를 존중하며 살아가겠다는 강한 삶의 의지를 나타낸 것이라 하겠다.

우리나라의 인기 절정의 연예인들은 모두 돈을 잘 버는 것으로도 유명하다. 종종 언론에서 이들 중 어느 사람은 강남의 몇백억 건물을 구입해서 얼마는 남겼다는 것 등 자산 불리기가 뉴스로 보도되곤 한다. 하지만 이와는 달리 가수 하춘화(200억), 조용필(88억), 아이유(35억), 배우 장나라(130억), 방송인 유재석(30억) 등은 거액을 기부한 것으로 알려지고 있다.

영화 〈기생충〉으로 작년도 아카데미 작품상을 비롯한 4개 부문을 수상한 봉준호 감독도 그렇거니와 한국노래로 미국은 물론 각국의 음악차트 1위를 차지한 가수 BTS는 말할 것도 없고 영화 〈미나리〉로 금년도 아카데미 여우조연상을 획득한 배우 윤여정도 우리들의 기대 이상으로 한국이란 나라와 국민의 이름을 세계만방에 빛낸 연예인들이다.

위에서 거론된 사람들의 행위는 모두가 남의 강요에 의해서도 아니며 자신의 이름을 세상에 빛내기 위해서도 절대 아니다. 남보다도 더 열심히 일하고 노력한 대가이며, 언제나 가슴에서 우러나오는 따듯한 감정이 남보다는 우위에 있음을 실증한 것이라 하겠다. 때문에 이들의 행위가 각종 언론의 칭송을 받는 것이며, 뭇사람들에게 감동을 선사하고 있는 것이다. 여기에 대해서는 그 누구도 반론을 제기할 수 없는 것이며, 모든 사람들이 감사의 뜻을 표시하고 있는 것이다.

언론이나 여론 등에서 사회적으로 전 국민적 감동을 주는 사람들에 대한 찬사가 이어질 때, 흔히 생각하기를 '나는 지금까지 무엇을 어떻게 하고 살아왔는가?'라고 자신을 뒤돌아보고 반성도 하고 후회도 한다. 이렇게 반성하고 후회하는 사람이라면 양심이 있는 사람이고, 앞으로 가능성을 기대할 수 있는 사람이다. 그러나 사람이 꼭 거창한 기부를 해야 한다는 법은 없다. 더욱이 세계적 경쟁에서 1등을 해야 성공하는 것은 아니다. 정상을 달리는 사람과 비교해서 낙담할 필요도 없고 그들과 비교해서 가치 창출을 하기도 어려운 게 현실이다.

이 세상을 살아감에 있어서 난 나일 뿐이다. 미미한 존재가 바로 나이고, 나의 존재가 보잘것없다고 하면 그게 나의 현실이기도 하다. 그러나 내 능력의 범위 내에서 부지런하게 선(善)하고 아름답게 양심을 품은 채 살면 되었지, 반드시 내 이름을 세상에 날려야 하고 남겨야 되는 것은 아니다. 우리 사회에는 구석구석에 언론에 보도되지 않은 훌륭하고 선량한 사람들이 많다. 이들 다수의 착하고 양심적인 사람들로 인해서 우리사회가 나날이 전진하고 바른 사회가 유지되고 발전하고 있는 것이다.

물론 우리들 모두는 감동을 주고 있는 사람들의 모범적인 행실과 노력하는 삶의 태도를 따라 배워야 한다는 주장에 동의한다. 그러나 성공한 사람을 '따라 배우기'가 어렵다고 '나는 안 된다'라고 마냥 의기소침할 필요는 없다. 모든 일은 내 수준에서 내 능력껏 나의 소임을 다하면 된다. 그것이 설사 타인의 감동을 울려줄 수 없다 하더라도 내 심장에 물어보고 내 스스로 감동을 받을만하다고 말해준다면 그것으로 만족할 수 있고 정말 값어치 있는 일을 한 것이라 말할 수 있다.

우리가 감동을 주는 문제를 범세계적으로 또는 우리 사회로부터 나의 주변, 내 가족으로 한정해서 눈을 돌려 바라볼 필요도 있다. 내 가족의 조그만 사소한 일이라도 별것 아니라도, 내게는 자랑할 만하고 내 자신에게 감동을 울려줄 만한 일들이 많기 때문이다.

* 지난 주말 큰딸 내외의 주선으로 우리 내외와 함께 넷이서 곤지암에 있는 '화담숲' 산책로를 다녀왔다. 그렇게 산책로가 좋을 수 없었고 가을 마지막 단풍 숲이 그토록 아름다울 수가 없었다. 산책로 입구의 한옥카페에서 먹은 막걸리에 빈대떡은 그보다 더 맛있는 음식은 구경할 수가 없을 정도이었다. 산책길을 2시간가량 걸으면서 자연을 즐긴 모두가 내겐 감동이었고 고마움이었다. 점심은 맛있는 음식을 내가 쏘면서 오랜만에 대화의 꽃을 피우기도 했다.
* 얼마 전 아들 내외는 엄마의 핸드폰을 고가의 최신 폰으로 교체해 주었다. 10년 넘게 쓴 엄마의 알뜰 폰이 기능이나 편리성에서 너무 불편한 것을 보다 못해 반강제로 거금을 부담하고 바꾸어 준

것이다. 염가로 한다고 핸드폰 기기를 직접 구입해서 모든 자료를 직접 교체해 주었다. 기술자도 아닌 아들이 2-3시간 시간을 내어 땀을 흘리면서 핸드폰을 만지는 것을 옆에서 지켜보고는 나는 조그만 감동을 받지 않을 수 없었다.

* 외고에 다니는 손녀딸이 고2이다. 내년에 좋은 대학을 가려면 공부를 잘해야 하는데 이번 중간고사에서는 소위 스카이대학을 갈 수 있는 상위 실력을 받았다고 한다. 공부밖에 모르는 손녀딸이 불쌍하기도 하지만 대견하며 소중하다는 생각이 앞선다. 우리 집안에서 아마 제일 공부를 열심히 한다는 의견에는 모두 동감하는 편이다. 어떻게 저렇게 공부를 열심히 할까…? 할아버지에게 감동을 주는 장면이기도 하다.

감동을 주는 사람들과 그 사례들을 열심히 나열하다 보니, 우리네 세상은 그래도 살만한 세상인 듯하다. 모두가 잘 굴러가고 있고, 바른 길로 똑바로 가는 것 같기도 하다. 어느새 우리나라는 선진국 대열에 들어섰고 실제로 경제적으로 후진국을 도와주는 잘사는 나라가 되었다. 세계최고의 휴대폰, TV·냉장고, 자동차를 만드는 나라가 되었고, 인천국제공황과 서울지하철은 세계에서 가장 뛰어난 시설과 서비스를 자랑하고 있다. 우리의 문화, 예술의 발전에 힘입어 한국 음식이 세계인의 호감을 새롭게 불러일으키고 있어 감동을 주고 있음이 또한 사실이다.

그러나 우리 사회는 알게 모르게 권력을 가진 사람이 법을 마음대로 주무르는 '내로남불'의 세상이 되어가고 있음을 본다. 아니면 돈이 권력이자 명예가 되는 세상이 우리주변에서 일상화되기도 한다. 이를 주도하는 정치세력들은 우리들의 따뜻한 정, 명예로운 감동, 잘 살아보자는 소박한 소망 등을 좀먹고 가로막고 있다. 이들은 사랑만을 먹고 사는 우리 모두에게 시도 때도 없이 눈살을 찌푸리게 한다. 마음의 상처를 주며, 한(恨)을 느끼게 함을 게을리하지 않는다. 하늘의 벌은 이들을 언제쯤 쓸어갈는지…? 그 누구도 아무도 모른다.

내가 다시 태어난다면

어느 시절, 어느 때 절절히 원하기도 했던 것(돈, 물건, 집 등)이 꿈에 불현듯 나타나 내 것으로 둔갑하기라도 하면 기쁨을 감추지 못하는 되는 경우가 있다. 그게 꿈이었지만 한밤중이라도 한참 동안 정말 현실이었으면 하는 마음이 앞서기도 했다. 손에 잡히지 않는 꿈에 불과했던 것이 못내 아쉬운 경우가 있기도 했다. 글쎄다. 왜일까? 내 자신의 물욕이 너무 지나쳐서 한 순간 꿈에 나타난 것이 아닌가? 라는 판단에 따라 대수롭지 않다는 생각에 금세 잊어버리고 마는 게 꿈의 세계이기도 하다.

원래 내 그릇이 작디작아서 그랬던지… 큰돈, 강남 빌딩, 외재차 등에 대한 애착이라든가, 갖고 싶다는 욕심도 있었고, 한때는 대저택에 살아 보았으면, 등등의 소망도 있었다. '어쩌다 벼락이라도 좋으니 로또나 크게 한 방 맞아 사람 노릇도 좀 해보았으면….'이라는 허망한 생각도 가져 보았다. 다 부질없다는 생각에 순간을 보냈지만 그게 다 여의치 못해서 꿈으로까지 현실화되었다는 것을 시인한다. 나만 그랬을까? 아닐 것 같다. 사람이니까 보통의 사람으로선 뭔가 부족한 부분을 채워보려는 마음가짐이 꿈이었을 것이다.

사람이 살다보면 이러한 꿈같은 이야기와 다름없이, 자기모순에 함몰하거나 자가당착(自家撞着)에 빠지는 경우도 흔히 있다. 가령 '내가 만일 이 세상에 다시 태어난다면, 어떤 사람으로 태어나고 싶고, 어떤 사람이 되고 싶은가…?'라는 터무니없는 질문을 자신에게 던져본다. 또는 '내가 성공해서 대통령이 된다면, 이러이러한 선정을 베푸는 훌륭한 대통령이 될 수 있는데….'라고 어처구니없는 상상의 나래를 혼잣말로 중얼거려본다. 내 마음속으로 약속하고 승낙하는 과정을 되풀이하면서 잠시 달나라에라도 다녀온 듯 유치한 감정과 황홀감에 잠입되기도 한다.

대통령이 아니고 다른 대상을 상정하고 '내가 누구와 같이 거대한 재벌 총수가 된다면, 정말 경주 최씨 같은 나눔의 부자(富者)가 될 수도 있다…'라든가, 아니면 '세계적 대부호를 일구어 만주나 시베리아의 황무지를 사들여, 우리나라 인구의 절반을 이주시키는 사업을 하면 어떨까…?'라는 황당무계한 생각을 해 본다. 아니 못할 것도 없지, 다시 태어난다면 내가 할 수도 있다는 부분이라는 것이다.

실로 내가 다시 태어날 수 있다면, 대통령이나 재벌이 아니라 실제로 가능한 꿈의 실현을 맞이하고도 싶다. 가상의 세계가 아니며 환상이 아니라는 주장이다. 실패한 인생을 한 번 확 바꾸고 싶은, 그러한 성공하는 삶, 부끄럽지 않은 삶을 살고 싶다는 생각이다. 다시 태어나 어떠한 삶을 살고 싶은 것일까? 구체적인 몇 가지를 나열해 보자.

* 우선 내 나라 헬조선(한국은 지옥)에서 태어나지 않고 에덴의 동

산과 같은 나라에서 다시 태어나기를 바란다. 정의가 살아있고 양심이 지배하는 나라. 불신, 불안, 불만의 3불이 없는 나라였으면 한다. 현 세상에서 본다면 부족하지만 그래도 미국이나 호주가 가장 좋을 것 같다.

* 남자로 다시 태어난다면 부끄럽지 않은 아들, 남편, 아버지로 살고 싶다. 공부도 운동도 잘 하는 아들, 가정에 충실한 가장으로 아내를 지극히 사랑하는 남편으로 살았으면 한다. 아들과 딸들에게 진심으로 존경받는 아버지가 되었으면 한다.
* 다시 태어난다면 여자로 태어났으면 한다. 이 남자, 저 남자 골려도 보고 뭇 남자의 사랑을 독차지할 수 있으니, 또한 세상을 지배하는 것은 여자라고 하니까 이르는 말이다. 클레오파트라, 양귀비, 장희빈, 황진이, 김지미 같은 여자가 괜찮을 것도 같다.
* 결혼은 안 하는 것이 좋을 것 같다. 결혼을 하면 죽을 때까지 아내를 비롯한 가족에 얽매어 사는 꼴이니, 자유분방하게 내 맘대로 자유인으로 세계를 돌아다니며 마음껏 날개를 펴고, 하고 싶은 것 다 해 보며 살고 싶다.

내 나이로 보아 이제 죽음은 어느 결에 문턱에 다다르고 있다는 느낌이다. 그러니까 나로선 죽음 이후의 부활(復活)이라는 문제를 생각해 보는 것인지 모르겠다. 교회도 성당에도 안 다니는데 다시 태어나는 문제는 생각하기 어렵다. 설사 생이 얼마 남지 않았다는 것을 자인하더라도 죽음 이후의 세계라든가, 다시 태어난다면 등등의 생각은 산 자의 마음가짐이 아니다. 어쩌면 허상이고 몽상(夢想)에 불과하다고 말할 수 있다. 우리들 삶의 존재의 가치는 행동거지(行動擧止)로 나타난다고 말할 수 있다.

내겐 오늘도 있고 내일도 있다. 오늘 할 수 있는 일도 있고, 내일 할 수 있는 일도 있다. 그것이 대망(大望)의 일이 아니고 사소한 일이라도 끊임없이 실천하고 반복하는 것도 일종의 도전이며 혁신일 수 있다. 우리가 매일 도전하고 산다는 것은 내일의 희망을 일구는 첩경이며 삶의 가치가 듬뿍 담긴 혁신의 바로미터인 것이다.

오늘도 내일도 먹구름 같은 걱정일랑 모두 내려놓고 즐거운 마음으로 내가 갖고 있는 존재의 가치를 사랑하며 살자…!!

내 삶의 버킷리스트

노년이 깊어 가면 무엇이건 내려놓고 살라고 한다. 의사도, 종교인도, 철학 교수도 늘 그렇게 말하고 강조한다. 나는 무엇을 어떻게 내려놓고 살 것인가? 내게 내려놓을 것이 있기는 한지? 라는 등등의 의문을 가져본다. 앞으로 내가 이루어 낼 것이 많아야 내려놓든가 말든가 할 것이 아닌가…? 아니면 내가 남보다 풍족하게 더 많이 갖고 있어야, 그걸 일부라도 내려놓지, 그저 이럭저럭 살아갈 정도인데 무얼 내려놓으란 말인가…? 이렇게 저렇게 따져보아도 내려놓을 욕심이라고는 변변한 것이 없을 성싶다.

그러나 이 나이에도 버킷리스트(죽기 전에 꼭 해야 할 일이나 하고 싶은 일)를 상정해 볼 수는 있다. 내가 현재 비교적 건강하게 살고 있으며, 또한 앞으로의 삶도 일정기간 그렇게 유지할 수 있을 것이라고 생각한다. 그러니까 앞으로의 삶에도 하고 싶은 일, 해야 할 일은 있을 것만 같다. 이것저것 나열해 보는 데 그칠 것이 아니라 '반드시 하고 싶은 일이고 해야 할 일'이라고 단정하고 실천하면 좋을 것 같다.

(1) 내 생의 마지막 삶이 가능하면 짧막하고 깨끗하게 마무리 되었

으면 하는 것은 꿈이라면 꿈이요, 욕심이기도 하다. 노인이라면 죽음에 대한 강한 거부감을 갖고 있어도 '죽음다운 죽음'이라고 할까, '깔끔한 죽음의 끝'을 원한다. 이게 바라는 바이며, 간절한 소망이기도 하다.

(2) 생의 마지막 꿈이 실현되려면 무엇보다도 내 몸과 정신이 건강해야 한다. 건강은 바란다고 이루어지는 것도 아니다. 노화, 노쇠가 깊어가는 인체의 기세(氣勢)를 저지할 재주는 없다. 다만 내 스스로 터득한 방법에서 오직 '부지런함'을 유지하고 발전시키는 것이다. 어떻게 하든 게으름은 피하고 부지런함으로 문제를 해결하겠다는 자세를 지키도록 하자.

(3) 나의 아내가 아직은 건강한 편이다. 나의 복이고 나의 희망이다. 아내의 건강이 오래도록 지속되기를 바랄 뿐이다. 내가 아내의 건강을 위해서 할 수 있는 것은 모두 바쳐 도와주고 싶다. 아내에게 스트레스를 주는 말이나 행동은 절대로 하지 말고 이를 끝까지 지키자.

(4) '불행을 저지하고 행운을 맞이한다.'는 예측을 가슴에 안고 누구에게나 겸손의 미덕을 보인다. 자식에게든, 친구이든, 주변에든 나눔이라는 정신을 간직하고, 가급적 최대한 배려하고 준다는 마음가짐을 갖도록 노력한다.

(5) 평생의 소원인 소설가는 되지 못했지만, 지금 쓰고 있는 소설을 끝내고 빛을 발휘하도록 최선의 노력을 다한다. 죽기 전에 명작은 아니더라도 출판과 판매의 영광을 안아보고 싶다.

(6) 어느 노 철학 교수가 "자기는 80대에 정말 멋있는 연애를 한 번 해보고 싶었는데 못한 것이 한이다."라고 말했듯이 나도 '꿈도 야무지다.'는 소리를 듣더라도 한번 문학 작품에서와 같이 가슴 아린 연애를 해보고 싶다.

(7) 멈춤의 자세가 중요하다. 이른바 중용(中庸)이라는 마음가짐에서 지나침을 억제해야 한다는 뜻이다. 나에겐 특히 '술'이 지닌 독(毒)이란 개념에서 금주의 원칙을 벗어나면 안 된다. 무엇보다 건강을 위해서는 지켜야 할 나의 과제이고 명제이다. 이제는 마시지 말고 정 먹고 싶다면 반드시 한두 잔으로 끝내는 것을 삶의 좌우명(座右銘)으로 삼고 지키자.

(8) 해외여행은 딱 한 번만 마지막 여행을 더 가도록 한다. 외손자 UCLA 대학졸업식(6월)에 참석할 겸 미국 서부지역 여행을 갔으면 하는 바람이 있다. 코로나로 인해 못 가게 될 가능성이 크지만 노력해 보자.

영화 〈버킷리스트〉에서 죽음을 앞둔 주인공은 "당신이 꿈꾸었던 그 무엇이 되기 위해 나이는 결코 중요한 것이 아닙니다."라고 말한다.

위에 열거한 나의 버킷리스트는 내 나이에 걸맞은 것일까? 아닐까? 정말 버킷리스트는 나이와 상관없는 것일까? 아닐 것이다. 나이와 상관없는 것이 있을 수 없다. 그래서 내 삶의 버킷리스트는 내 나이를 최대한 고려하고, 내 환경을 면밀히 검토해서, 실현 가능성을 참작하여 고르고 고른 다음 정한 것이다.

 내 자신의 버킷리스트에 강제 규정은 없다. 내가 실행하고 안 하고의 여부는 내 능력과 결단력에 달려있을 뿐이다. 설사 리스트에 설정한 것을 못 이루었다고 탓하거나 책할 사람은 아무도 없다. 나 역시 나를 책할 나이는 이미 지났다. 그러나 생의 마지막 소원이고 꼭 이루고 싶은 것인 만큼, 온갖 정성과 노력을 쏟아부어 실행에 옮기도록 하겠다는 마음이 굳건할 뿐이다.

 내 삶의 앞길이 평탄만 하리라고 장담할 수 없다. 우리들 개개인의 삶도 내 나라의 장래와도 밀접히 연계되어있기 때문이다. 국가의 안보는 물론 경제도 안전하고 평안해야 내 생의 마지막 버킷리스트의 전망도 밝아질 수 있다. 전쟁이 발발하거나 국가경제가 일거에 망한다면 나의 버킷리스트고 뭐고, 소망이고, 희망도 모두 물거품이 되어 사라지게 될 것이다. 새해를 맞이해서 새 정부가 들어선 이후에도 우리나라의 대내외 환경이 순조롭고 평탄하기를 간절히 기원해본다.

노인의 외출복 문제

장마에 이은 살인 폭염에다 코로나 사태의 악화로 노인들의 외출은 거의 메말라 있는 형편이다. 어쩌다 마음속 소중한 친구 2-3명과 귀중한 점심 약속을 하고 외출을 준비해 본다. 오랜만의 외출이라 그런지 나도 모르게 조금은 흥분한 채 '외출복'에 신경이 쓰인다. 열돔(Heat Dome)이 심한 더운 날씨라 마음에 꼭 드는 옷을 고르기에 마땅치가 않아서 그렇기도 한 것 같다. 실은 근래 몇 년 동안 삼복더위에 적합한 여름옷을 새로 구매한 경험이 없어서일 것이다.

노인으로 나이에 걸맞고 계절에 적합한 옷을 모두 구비해 놓기가 어렵기도 하다. 또한 새 옷을 구매하기 위해 백화점이라도 걷다 보면 마음에 드는 옷 자체가 없고, 판매원이 권하는 옷은 너무 고가이므로 선뜻 많은 돈을 내고 새 옷을 사기가 망설여진다. 이래저래 옛날 옷을 골라 입고 외출에 나서다 보면 내 옷차림이 마음에 들지 않을뿐더러 남들이 보기에도 할아버지의 추한 모습이라고 외면당할 것이라는 우려가 앞선 것은 사실이다.

옛날 오래된 옷은 무엇보다 칼라가 마음에 안 든다. 옷 색상도 그렇거니와 무늬도 현대적 감각에 어긋난다. 더욱이 80대 노인이 되면 키도 몰라보게 줄고, 체중도 엄청 빠짐으로 옛날 옷 자체가 몸에 썩 안 맞는다. 바지통이나 허리 모양도 구식이라 어색하고, 옷의 탄력성이 없음은 물론이려니와 방수 기능도 없는 옷감들이 대부분이다. 옷을 다 버리고 새 옷으로 외출복을 마련하는 게 좋을 것이라는 생각을 이래저래 실현하지 못한다.

나는 직장 은퇴 후 수시로 외출할 때 외출복에 대하여 그렇게 신경을 쓰지 않았다, 늘 입던 옷을 입거나 갈아입더라도 그 옷에 그 옷이라는 범주를 벗어남이 없이 덤덤하게 마음을 두지 않았다. '옷이 뭐 대수냐…!!'라는 안이한 생각에 젖어있었고, '남이 뭐라고 하든 상관없다'는 나만의 좁은 마음가짐으로, 저급하다고 할까, 안이한 인식에서 벗어남이 없었다. 왜 그랬을까…? 그래도 '옷은 사람의 날개나 마찬가지'라 하는데….

그러나 요즘엔 외출복에 대한 내 생각이 일대 혁신적인 생각을 몰고 왔다는 기분이다. 그 이유는 변화무쌍한 옷의 시대적 조류의 영향을 무시할 수 없는 데다 나의 건강 약화와 함께 나의 몰골이 너무 나빠졌다는 사실을 확신했다는 점에서 비롯하였음이 맞다. 어느 날 거울 앞에 선 내 얼굴의 전후방 모습이 전과는 전혀 몰라보게 변한 가운데 너무 늙고 처져 보인다는 사실은 깨닫고부터 아예 생각이 달라졌다.

그러니까 나의 늙고 낡은 모습을 조금이나마 아쉬움을 채우며 개선하고 싶은 인간 본연의 욕망이 내 심성을 지배하게 되었다는 것이다. 물론 젊은이들이 추구하는 외모 지상주의에 편승해 보자는 의도는 전혀 없더라도 조금은 멋을 내어 사회 저변에 팽배해있는 노인에 대한 혐오감(嫌惡感)에서는 나 자신부터 벗어나야 한다는 절박감이 작용하고 있다 하겠다. 돈이 좀 들더라도 조금은 기존의 보수적 패션 감각에서 과감히 탈피하여 새로운 기분을 맛보는 계기를 만들어 보자는 것이다. 일단 탈신을 도모한다는 생각하에 적어도 10여 년은 젊어 보이는 바람직한 상(像)을 꾸밀 수 있도록 외출복을 당장 교체(交替)해 보자는 생각이다.

그러면 내가 할 수 있는 외출복에 대한 구체적 대안에는 무엇이 있을까…? 몇 가지 참신하면서도 내 나름대로의 청춘을 가미할 수 있는 새로운 외출복의 패턴을 탐색해 보기로 하자.

첫째, 옷의 소재, 색상, 무늬 등에서 시니어이면서도 캐주얼에 가까운 현대적 감각의 옷 선택.
둘째, 나의 체형에 알맞은 옷, 마른 체형이니까 옆줄 무늬의 상의를 취하고 너무 흘러내리는 바지는 기피.
셋째, 옷에 걸맞은 고급의 모자, 혁대, 구두, 안경 등 구비.

민주주의 사회에서 나의 옷차림은 자유이다. 내가 입고 싶은 옷을 마음대로 입을 수 있다는 뜻이다. 내가 좋아하는 옷이고 남이 보기에도 좋은 옷이라면 금상첨화(錦上添花)이다. 거기에다 지금같이 삼복더위에는 좋은 옷이라 하더라도 가급적 옷이 시원하고, 상큼하고, 깔끔하고, 미끈해 보이면 좋을 것 같다. 더해서 세련되고 편안한 '외출복'이면 더더욱 좋겠다.

사실 남자 노인이 이 시기에 적합한 옷을 고르기는 쉽지 않다. 아무리 센스 있는 감각을 총 동원하더라도 좋다는 옷의 선택지가 넓지도 많지도 않다는 것이다. 몇 가지 안 되는 것 힘들게 골라봐야 그 옷이 그 옷인 꼴로 느껴져 포기하기 십상이다. 그래도 낙담하고 옛것을 입겠다는 생각은 절대로 안 된다. 모처럼 어렵게 한 결정이니만큼 모든 지혜를 모아 큰돈이 들더라도, 나로선 이번에 나만의 나다운 옷, 젊음의 색깔을 흠뻑 담은 옷을 입어보도록 하자.

친구에게 전화하기

　나는 친구에게 전화를 잘 거는 편이다. 보통 할 말이 있거나 인사 겸 궁금하기도 하면 가까운 친구에게 안부전화를 한다. 그러나 핸드폰을 들고 있다가 아무 생각 없이 어느 친구에게 벨을 누르기도 한다. 친구 간에는 전화를 하는 사람이든, 받는 쪽이든 반갑고 별 부담도 없을 것으로 여겨진다. 간혹 내 기분이 전화를 받을 처지가 아니더라도, 친구로부터 전화가 온 경우에는 가볍게 받아주고 그냥 넘어가곤 한다. 전화로 소통을 하고 나서 시원한 감이 드는 친구가 있는가 하면 좀 찜찜한 느낌이 오는 친구도 있긴 하다.

　나이가 들어감에 따라 친구 간에 전화를 주고받는 빈도는 확실히 줄어들고 있다. 내가 친구에게 전화를 거는 횟수도 대폭 감소하였음이 분명하고 친구로부터 오는 전화도 일부 친구를 제외하곤 거의 없다시피 한다. 왜 그렇게 되어가고 있을까…? 분명한 것은 아주 절친한 친구들이 하나둘 하늘나라로 승천해버린 것이 큰 이유이기도 하다. 또한 어느 친구나 전화를 거는 것 자체에 흥미라든가, 절박감 같은 것이 없어져서 그런 것 같기도 하다. 아마 굳이 하나 더 원인을 찾아본다면 모두들 삶의 기(氣)가 전만 못하여 전화를 하겠다는 의욕이 소멸되어가서 그렇기도 하다.

그럼에도 불구하고 친구 간에 전화를 잘 거는 사람이 있긴 있다. 나는 그를 고마운 친구, 좋은 친구라 칭하고 싶다. 그는 전화를 걸고는 자상한 이야기부터 시작해서 세상살이 이야기, 건강문제 등에 관해 두루두루 재미있게 이야기를 전개한다. 원래 말하는 것 자체를 좋아해서 그렇기도 하고, 정이 많고 친절미가 넘치어 전화 통화에서 그런 성향을 보이는 것 같다.

이에 반해 친구에게 전화를 거의 안 하는 사람도 내 주변에 있긴 하다. 어쩌다 그에게 안부전화라도 하면 "아 미안해…전화 못 해서. 이해해 줘. 내가 전화한다고 하면서도 또 못했네, 그래 다음에 전화하도록 하지…."라고 하면서 간단한 통화로 끝낸다. 다음에 세월이 흘러도 전과 동일하다. 이런 친구는 대략 좀 이기주의적인 성격이 농후하고 머리는 좋은 편이다. 남을 배려하는 면에서 인색하고 남과 서로 대화하기를 꺼려하는 편인 친구이다.

사실 쓸데없이 친구에게 전화를 걸어대는 것도 좋은 일은 아닌지 싶다. 반대로 전화를 단절하고 사는 것도 복잡하고 편리한 현대를 살아가는 상황에서 바람직한 생활태도는 아닌 것도 맞다. 상대가 무엇을 하고 있는지도 모르고 전화를 받을 수도 없는 처지인데 한 번 걸어서 안 받으면 기다리면 된다. 혹시 답이 안 온다고 해도 가급적이면 다시 또 전화를 할 필요는 없다. 그게 전화에서의 상대를 배려하는 모습임이 분명하다.

그러면 친구 간에 전화를 할 때 서로 간에 지켜야 할 기본적인 매너는 무엇일까…? 몇 가지 고려사항을 여기에 나열해 보자.

〈전화를 거는 사람의 매너〉
* 상대방이 내가 전화하는 줄 알고 있더라도 내가 누구인가를 먼저 밝히고 인사한다.
* 전화하기 전에 이야기할 내용을 미리 머릿속에 정리하고 대화를 한다. 중요한 내용이 있다면 메모를 하고 그것을 근거로 보며 말한다.
* 시종일관 밝은 목소리로, 반가운 목소리로, 정답게 말하도록 노력한다.
* 친구 간에라도 남 흉보는 이야기는 절대 삼가도록 한다.
* 통화하는 시간이 너무 길다는 생각이 들지 않도록 한다.
* 통화가 끝났더라도 내가 먼저 전화를 툭 끊는 일이 없도록 전화 걸 때마다 신경을 쓴다.

〈전화를 받는 사람의 매너〉
* 전화를 받은 사람이 먼저 누구라는 것을 밝힌다.
* 전화를 걸어 준 친구에게 각종 말 서비스로 기분을 최대한 맞추어 준다.
* 전화를 받지 못한 것이 확인될 시 즉시 전화를 걸고 전화 받지 못한 사정을 간략하게 설명한다.
* 전화를 끊을 시 전화 걸어준 사람에 대한 감사의 말을 반드시 전한다.

전화는 친구 간에 우의를 돈독하게 할 수 있는 소통의 매개체이다. 우리들 일상에서 없으면 못 사는 필수품이 된지는 이미 오래이다. 잘하면 약(藥)이요 못하면 독(毒)이 되는 경우도 있다. 핸드폰을 늘 잡고 살다 보니, 또한 친구 간에는 너무 친하고 가까우니까 전화로 통화할 때 서로 간에 예의나 범절을 무시하고 막 나가는 경우가 흔하다. 전화로 인해 친구 간의 조그만 틈이 큰 간격으로 벌어져 손절하는 계기로 작용할 수도 있는 게 사실이다. 전화가 편리한 만큼 화(禍)를 자초하기가 쉽다는 것이다.

오늘도 폭염은 연일 지속되고 있다. 더위 때문인지 친구들과의 카톡도 뜸한 편이다. 그래도 가깝고 소중한 친구 한두 사람에게 안부전화는 해보고 오늘을 보내자. 전화 받기를 귀찮아할지는 모르겠지만 서로 통화하고 나면, 그래도 시원한 빙수만큼 전화하기를 잘했다는 소통의 좋은 결과를 맛볼 수도 있을 것이라 믿는다.

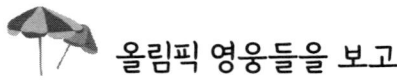 ## 올림픽 영웅들을 보고

매일매일 올림픽 경기에서 선전하는
한국 선수들의 활기찬 모습에
국민의 한 사람으로
아낌없는 응원의 박수를 보낸다.

마치 이 나이에도 내가 선수인 양….
찜통더위도 잊은 채 연일 TV 앞에서
소리소리 지르고 손뼉을 쳐댄다.
손바닥이 아파도, 평소의 아픈 곳도 다 잊어버린다.
오직 선수 개개인에 대한 고마움과
국가에 대한 애국심이 나모르게 용솟음치고 있음을 느낀다.

체조와 육상, 수영 등 개인 종목에서
유감없이 자신의 능력 이상의 빛을 발한 선수들….
메달을 따 시상대에 선 선수는 물론
등수에 들지는 못했어도 끝까지 분투한 선수들….
피나는 훈련과 극기 훈련의 과정은,
분명 한계치를 넘나들며 지속했을 것이다.

그들 영웅들의 장엄하고 당당한 모습에 주목하며
머리 숙여 감사의 마음을 전하고 싶다.

신재환의 뜀틀 금메달,
황선우의 수영 100m 5위,

우상혁의 높이뛰기 4위는
신체조건도 서양인보다 훨씬 약세인 동양인.
중국인도, 일본사람도 아닌
바로 한국인이 이룬 쾌거라는 점에서
세계의 모든 사람들이 놀라고 말았다.

황선우와 우상혁은 나이도 아직 어려
다음 파리 올림픽에서는
또다시 다시 한번
한국인의 저력을 유감없이 발휘하여
기필코 정상에 우뚝 서서
태극기를 휘날릴 것이 틀림없다.

프로들이 출전하는 야구, 축구, 골프 등에서는
선수들이 개인전 선수보다는
절박감이 덜한 것 같고 기백도 덜한 것 같다.
내 개인의 생각으로는
그들의 헝그리 정신이 없어서, 부족해서 그런 것이 아닐까….
눈에서 불이 나는, 잡아먹겠다는 동물적 속성이
보이지 않고 조금 비치다 마는 것 같다.

우린 그 옛날 1970년대 중반, 배고픈 시절….
프로권투를 보면서 전 국민 모두
혼연일체(渾然一體)가 된 경험이 있었다.
그땐 주먹으로 돈 버는 사람이 부러웠고….

서양인을 다운시키는 것에
통쾌함과 승리감을 함께 맛볼 수 있었다.

개인 종목에 앞서가는 선수들을 위해
우리 국민 모두가 일심동체(一心同體)하여
지원하는 마음 간절하다.
비록 메달을 못 딴 선수들이지만….
이들도 영웅임이 맞다.
국가가 좀 더 이들을 위해
통 큰 배려를 해주었으면 한다.

나의 애국심은…?

국가의 통치자들은 예나 지금이나 국민에게 애국심을 고취하며, 이를 정치적 목적으로 이용하기도 한다. 일종의 통치술이기도 하고, 진정 애국심, 애민(愛民)의 정신을 배양키 위해 애국심을 앞에 내세우기도 한다.

한 나라의 백성으로 편히 살 때는 애국심에 대한 간절한 생각이 전혀 나지 않기도 하며, 굳이 애국심을 들추어낼 필요성도 갖지 않을 때가 많다. 그러나 다른 나라와 전쟁이 나면 누구나 애국, 애족의 불타는 애국심에 나라를 위해 목숨을 바쳐 전쟁에 나감을 주저하지 않는다. 이때 나보다는 나라가 먼저이고, 나보다는 민족이 우선인 애국심으로 국민 전체가 한 덩어리로 뭉친다.

우리가 외국에 나가 살거나 외국 여행 중에도 내 나라의 존재와 가치를 느낄 경우엔 애국심이 마음속으로부터 솟구침을 느낀다. 가령 운 좋게 외국에서 내 나라와 다른 나라와의 국제경기를 관람하게 되면, 내 나라를 응원하는 애국심이 그야말로 나도 모르게 하늘을 치솟는다. 또한 주재국 도로에 빈번히 질주하는 한국산 자동차를 보거나 TV, 냉장고 등 우리나라 전자제품이 그 나라 백화점의 중요한 자리를 메운 것을 볼 때도 내 나라에 대한 애국심은 저절로 생동하며 요동친다.

태극기는 국가와 애국심을 표현하는 상징적인 존재이다. 올림픽에 출전하거나 국가 간 운동경기를 할 때 우리나라 운동선수는 태극기를 왼쪽 가슴에 달고 경기를 한다. 이를 응원하는 국민은 모두가 태극기를 힘껏 흔들어대며 응원에 열중한다. 우리는 서울에서 개최된 88 서울올림픽대회에서, 또한 2002년 한일월드컵대회에서 세계를 상대한 대한민국의 격상된 위상을 실감하면서, 내 나라에 대한 자긍심은 물론 다양한 애국심의 발로(發露)를 실제로 뜻있고 감명 깊게 경험하였다.

애국심은 영토, 주권, 민주라는 국가의 기본 요소가 확보되고 있어야 제대로 된 기능을 발휘한다. 자못 나라 잃은 국민의 애국심은 그 싹이 자라기도 힘들며 설사 민족적 저변에 자리한 애국의 정신이 웅대한 독립운동으로 발전하더라도 열매를 맺기가 어렵다. 우리가 일본에 나라를 빼앗긴 45년간 그 수많은 애국지사들이 순국하며 독립운동을 펼쳤지만, 열매를 맺지 못하고 결국 일본이 미국을 비롯한 연합군에 완전히 패망함으로써 우리민족의 독립이 다시 이루어질 수 있었다.

지금도 중국 내 티베트, 신강위글자치구 등의 소수민족은 끊임없는 독립운동을 전개하고 있어도 폭풍 앞의 촛불처럼 약세를 벗어나지 못하고 중국 정부의 무자비한 군사탄압으로 매번 진압되어 독립의 빛을 발휘하지 못하고 있다. 러시아 내의 체첸 소수민족도 러시아 정부군과 전쟁까지 하면서 독립을 추구했으나, 마치 개구리가 성난 뱀과 싸우는 꼴로 그만 전쟁에 패함으로써 소멸되고 말았다.

그러면 이러한 주권 없는 민족의 애국심은 어디에 근원(根源)을 두고 발현하는 것이고, 그것이 줄기차게 계속 이어질 수 있는 것일까…?

　무엇보다도 모국어의 존재가 바로 애국심을 촉발하는 모체이다. 모국어가 없는 민족은 말할 것도 없고 모국어를 보존하지 못하는 민족은 독립하기 힘들고, 그 민족을 사랑하는 애국심도 기대하기 어렵다. 우리가 일제강점 시기에 그들이 우리말을 금지시키고 일본말 사용을 강요하였으며, 한글 대신 일본어의 상용을 강제하였던 것도 우리민족의 도도한 애국심, 독립정신을 말살시키려고 했던 의도였다.

　다음으로 애국심을 갖게 하는 힘의 원천은 그 나라 고유의 글자를 갖고 있는 데서 비롯한다. 모국어와 함께 고유한 문자를 소유한 민족은 애국심과 독립심이 강할 수밖에 없다. 사실 우리말과 우리 한글은 바로 우리 대한민국의 생존을 지키고 있는 상징적인 표본이나 다름없다. 더욱이 우리 한글은 세계에서 가장 뛰어난 소리글자로 그의 과학적 표현의 기술은 그 어느 나라 문자보다 가장 우수하다는 것을 세계의 모든 언어학자들이 인정하고 있으니 말이다.

　국민의 애국심이 강한 나라를 보면, 국가 이익을 위해서는 여(與)와 야(野)가 따로 없이 애국이란 측면에서 정부, 국민 모두가 혼연일체(渾然一體)가 되는 나라가 바로 강한 나라이다. 국민을 편 가르기 하며 국론 분열을 일삼는 국가는 국민의 애국심도 미약하고 이에 따라 국력도 약화될 수밖에 없다. 미국이 다민족 국가이며 51개 주를 대표하는 연방국가이지만, 1세기 이상 세계 최강의 강대국 지위를 유지하고 있는 것도 국론통일을 향한 통합과 포용의 민주정치가 효과적으로 이루어지고 있다는 것이 최대의 요인일 것이다.

우리나라에선 내년 초의 대통령 선거를 맞이하고 있다. 그 어느 때보다도 나라를 위한 애국심이 이념, 지역, 종파, 계층 간의 갈등과 대립을 봉합하는 계기가 되고 좋은 결과로 이어졌으면 한다. 그렇게 된다면 한국이라는 나라가 선진국 대열에 편입된 사실을 모든 국민들이 일상에서 피부로 실감하고 느낄 수 있게 될 것이다. 또한 헬조선(한국은 지옥)이라는 청년들의 부르짖음도 어느새 사라질 수 있고, 국민 모두가 행복한 나라에서 살고 있다는 자긍심(自矜心)도 제대로 가질 수 있을 것이다.

작금의 한국 정세는 유동적이고 불안한 징후가 즐비하다. 우리나라 대통령을 하겠다고 나선 자가 "8.15해방 후의 한국주둔 미군은 점령군, 북한에 진주한 소련군은 해방군이었다."고 주장하고 있다. 경기도 교육청은 학교교실에 걸린 태극기 액자를 철거대상으로 지목했다고 한다. 이런 일련의 현상들은 대한민국 국가 존립의 정통성을 부인하고 있는 것이 아닌가 싶다. 역사는 거짓으로 호도(糊塗)될 수 없다는 것이 진리이다. 나의 진정한 애국심은 어느 정도의 수준일까…?

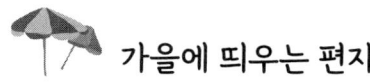 가을에 띄우는 편지

L형…!!
오랜만이오.
멀리 미국에 있는 당신을 조용히 불러보오.
요즘 건강은 어떻소, 허리통증은 다 사라졌으리라 믿으오.
그래도 이젠 골프는 조심하시오.
걷는 게 최고이니 살살, 천천히 걷기에만 열중했으면 하오.
오늘은 당신에게 옛날이야기를 좀 하려 하오.

우리 모두가 그렇게 못살던 1960년대 시절….
우리는 그때 연락이나 소통 수단으로 손 편지를 자주 주고받곤 했소.
서로 만나려면 집을 찾아가야 했던 그 시절….
집에 전화도 서로 없었기에
우린 종종 우체통을 통해 소식을 전하고 받곤 했던 기억들이….
아직도 내 뇌리에는 잊지 않고 생생하게 저장되어 있소.

그때 L형에게 보낸 편지 가운데
나의 사회생활이 처음으로 시작된 그때, 그 상황과 의미를 강조한
나의 편지 내용을 여기에 옮겨 볼까 하오.
그러니까 지금으로부터 53년 전 미국에 사는 당신에게 보낸
나의 손 편지 내용의 골자입니다.

L형…!! 얼마 전 내가 공무원으로 정식 발령이 났소.
기쁘기 즐거운 일인 것만은 사실이오.
취직할 곳도 별로 없고, 실로 취직이 어려운 상황하에서 국가공무원이
되었다는 것은 하늘의 별따기나 마찬가지라는 생각이 앞서오.

하지만 첫 봉급은 기대 이하의 수준이오.
그 돈으로는 대학교 앞 독방 하숙을 하면 남는 돈이 없다오.
9급이 말단, 나는 7급인데 봉급이 그렇게 적다오.

그래서 당신도 잘 아는 내 고향친구 준과 자취를 하고 있소.
자취를 하니까 그래도 막걸리 먹을 돈이 남는 걸 어쩌겠소.
할 수 없어 동네 초등학생들을 모아 과외 공부를 가르치고 있다오.
경제적으로 조금 여유가 생겨 일상이 활기를 보이고 회사일도 남보다 열심히 하고 있소.
나를 위한 책임감의 발로이나 이와 함께 굳건한 애국심도 크게 작용한다고 생각하오.
이게 보람이고 나의 발전의 길이며 비전 있는 삶이라 생각하오.

직장을 잡고 난 후 나는 바로 결혼이라는 중차대한 사업에 성공했소.
당신도 알고 있는 첫사랑, 그녀는 나를 버리고 갔소이다.
아마 내 능력이 여러 가지로 모자람에 그녀가 실망한 결과라 생각하오.
그래도 나는 오히려 잘되었다는 판단을 내렸소.
난 그녀를 아마 죽도록 사랑하지는 않았나 보오.
내가 그녀를 배반했나…? 50 대 50일 것이라는 생각인데…
나의 양심적인 기준이오.

아무튼 난 결혼에 힘입어…
6.25전쟁 이후 18년 만에 처음으로 밥다운 밥상을 받아
사랑이 담긴 식사를 하고 있소.
얼마나 행복한지 머릿속이 어리둥절하고 몸 둘 바를 모른다오.

생각의 갈피를 못 잡을 정도로 혼란스럽기도 하오.
행복과 사랑이 항상 먼 곳에만 있는 줄 알고 살았는데
내 가까이도 이렇게 다가오기도 하는가 보오.

옛날이야기는 다음 편지에 더 하기로 하고 지금 이야기를 말할까 하오.
별난 이야기가 아니라 우리나라의 사정, 현실….
내 나라가 조그만 나라이지만 경제 대국이요, 이제 선진국 대열에 진입했다고 내놓고 자랑할 만하오. 경제, 사회, 문화 각 부문에서 상상할 수 없는 발전을 이루고 있는 것만은 사실이오.
그러나 당신의 나라가 현재 여러 가지로 안 좋은 것 같아 불안하기도 하오.
너무나 현실이 여의치 못해 안타깝기 그지없고 걱정이 태산이오.
내 나라 사정에 대한 내 생각을 간략히 정리하여 당신에게 전하고 싶으니 그냥 부담 없이 읽어봐 주오.

첫째로, 내 나라의 장래가 안개 속이오.
어디로 갈지, 제대로 갈지, 절벽 아래로 떨어질지, 아무도 장담하기 어렵다오.
내 개인적인 견해만 그런 게 아니라 대부분의 사람들이 그렇게 보고 있소.
나라의 앞길이 어두컴컴하고 잘 안 보인다는 것이오.
괜찮아질 것이라는 장밋빛 전망은 그 어느 곳에서도 찾아보기 어렵소.
기대볼 만한, 가능성을 줄 만한, 도 아니면 모라는 등의
기적의 대상도 찾기가 어렵다는 것이오.
지금은 마치 고장 난 시계마냥 멈춤이 온 곳을 메우고 있음이 확인되

고 있을 뿐 이도저도 아닌 불안정한 궤도를 달리고 있는 것 같으오.
내년 3월이면 대통령 선거가 있소.
일루의 희망을 가져 보았지만 후보로 나선 사람들의 면면을 보면,
누구 하나 이 어둠의 장막을 거두어 내고
'새로운 세상을 만들겠다.'는 희망의 싹을 전혀 보이지 않고 있소.
우리들 모두의 소망은 오간 데 없고 절망의 나락으로 얼룩지고 있어
그저 답답하고 안타깝기 그지없소.

둘째로, 내 나라 국가 경제 부진의 골이 깊어만 가고 있소.
나라곳간은 연일 부실의 도가 높아 가는데
각종 물가는 가파르게 오르는 반면 소득은 줄기만 하고 있소.
국민의 세금 부담은 부단히 늘어만 가오.
부동산 폭등이 사상 전례 없이 지속되어 서민의 아픈 마음을 짓누르고 있소.
코로나 사태와 맞물려 자영업자, 소상공인은 모두 파멸의 질곡에서 헤어나지 못하고 있소.
이러한 경제난을 못 본 채 자화자찬만을 일삼는 정부 지도자들의 작태가 한심할 뿐이오. 경제에다 왜 정치 이념을 접목시켜 경제난을 증폭시키는지 그 이유를 알다가도 모르겠소.

셋째로 내 나라에 양심과 윤리의 사회가 실종되고 있소.
모두가 도덕 불감증에 빠져있는 있는 것 같소.
바른 소리하는 사람이 코너로 몰리고 잘못한 사람이 큰소리치는 세상이 양지를 맞고 있소.
'내로남불'이라는 기세가 판을 쳐도 이를 고치겠다는 세력이 전무한

실정이오.
말 그대로 힘을 가진 사람, 권력을 쥔 사람이 하는 행동은 모두 로맨스라는 공식이 알게 모르게 이 사회를 지배하고 있소.
학생, 젊은 사람이 믿고 배울 만한 지도자상, 마음의 심벌이 이미 사라졌고 오직 배타적 이기주의, 자기중심주의만이 난무하는 비도덕적인 인간들이 사회 전반에 득실거리고 있소.
한마디로 우리 사회는 각종 중병에 걸린 암울한 환자의 신세가 맞소.

L형…!! 괜한 넋두리를 한 것 같으오.
다음에는 밝은 소리, 맑은 소리를 할 수 있기를 기대합니다.

그녀는 살아있는지…? (1)

왜 이제 이 나이에 나는 갑자기 그녀의 생사 여부가 궁금한지 모르겠다. 내가 그녀를 목메이도록 사랑했던 것도 아니고, 그녀와의 아름다운 추억도 가진 게 별로 없다. 단지 나는 그녀가 지금 살아있으면 좋겠다는 아련한 생각이 계속 떠오르고, 한 번 만나보고도 싶다는 생각도 불쑥불쑥 돋아나고 있음을 피하지 못한다. 나로서도 이런 마음이 좀 이상하다는 생각이 앞서고 있을 뿐 그녀를 만나서 무얼 어떻게 하겠다는 구체적인 계획도 없다. 아마 그녀를 만난다 하더라도, 난 그녀의 얼굴을 알아보지 못할 것이 분명하다.

그녀와 난 연인관계가 아니었다. 특별한 인간관계가 이루어질 수 있는 우연의 만남이나 어떤 모임의 계기도 없었다. 또한 학교 오가는 길에서 매일 만나는 필연적인 인연도 없었다. 단지 그녀는 내 친구의 앞집에 사는 예쁜 여학생이었을 뿐이었다. 내가 친구네 집에 종종 놀러가다 그녀의 집 앞에서 어쩌다 몇 번 마주칠 기회를 가진 게 그녀와의 만남의 전부였다. 먼발치에서 한 여학생을 내 눈으로 보는 순간 나는 그녀의 모습에 감격했던 것이다.

그녀가 입은 하얗고 긴 옷깃의 교복은 그녀의 날씬한 몸매에 너무

나 잘 어울렸다. 햇빛을 멀리한 그녀의 희디흰 얼굴에서 품어난 첫 인상은 세상에서 제일 아름다운 여인 같았으며 마치 한 송이 백합꽃 이었다. 지금이라도 그녀에게 찬사를 보낸다면 '그녀는 그때 나에게는 천사(天使)로 보였다'고 장담할 수 있다. 그녀에 관해 친구에게 은밀히 물어보니, 그녀는 공부도 잘 하는 모범생이며, 동네에서는 '효녀 심청으로 널리 소문이 날 정도의 착한 여자'라고 나에게 넌지시 말해 준 것을 나는 지금도 생생히 기억한다.

난 오랫동안 그녀에 관해 고민하기 시작했다. 대학생이 된 후 고등학생인 그녀에게 나는 연서(戀書)를 보내기로 마음먹었다. 안 되는 일이겠지…? 그녀는 얼마나 놀랄까…? 그녀의 부모는…? 난 며칠간을 이리저리 궁리하고 걱정하다 그래도 '내 마음 나도 할 수 없다'는 결론을 내렸다. 드디어 용기를 낸 다음 그녀를 향한 장문의 편지를 썼고 우표를 붙여 우체통에 넣고 말았다.

그녀는 내 편지를 받아 보았을 것이다. 하지만 그녀의 답은 없었다. 나는 5-6번 편지를 보내고 끝냈다. 그녀가 답을 안 주어서도 그랬지만 내가 실없는 짓을 한다는 자괴감(自愧感)이 나를 괴롭혔고, 내 스스로 파멸의 빌미가 될 수도 있다는 자성(自省)의 변에 만족해야 했다. 아무 일도 없었고 아무 일도 일어남이 없이 2-3년이 지났다. 갑자기 내게 군대에 입대하라는 영장이 나왔다. 당시 대학 재학생은 정부에서 우대하여 군복무기간이 절반이었다.

논산 육군 훈련소에서 6주간의 훈련을 마치고 강원도 양구에 주둔

한 최전방 부대의 소총 소대 LMG병으로 배속되었다. 당시 대학생으로 입대한 사병은 무조건 전방의 제일 말단 부대에 배치되었다. 우리 중대에서는 높은 산기슭에 새로운 시멘트 블록 신축 막사의 공사가 한창이었다. 식당은 간이 천막이었고 잠은 A텐트에서 2-3인이 잤다. 하루 종일 8시간 하는 일은 신축 막사 공사에 보조 노동자 역할에다 보초가 주 임무이었다. 50분간 일하고 10분 휴식시간은 화랑담배 연기 속에 꿈만 같이 지나갔다.

매일매일 힘들게 일하고, 고단한 몸으로 보초 서고, 배고프게 먹고, 부족하게 잠자고 등등 최전방 일등병으로서는 무엇이든 생각할 겨를이 전혀 없었다. 그래도 당시에 이 숨 가쁜 순간순간을 보람 있고 가치 있게 보내야 한다는 절박감(切迫感)만은 충분했다. 그땐 최전방에서 북한군이 우리 보초병의 목을 잘라가는 그런 무시무시한 남북한 군 간 대치국면이 전개되고 있었다. 보초를 서며 무서움에 떨면서 생각했다. 무엇을 매일 열중함으로서 나를 보호할 수 있을까…?

당시 전방에서 신병이 서는 보초는 고참병이 안 나오면 그대로 보초를 계속 이어갈 수밖에 없었다. 사나운 짐승소리가 이곳저곳에서 나대고 바로 앞에 다가오기라도 한 듯 울려 퍼지면 두려움이 온몸을 엄습해 왔다. 9월 중순인데도 전방 산악 지역의 밤은 추워서 겨울 파카를 입어야 했다. 새벽녘에 2시간 동안 보초를 서면서 마음속으로 굳게 결심했다. 매일 보초를 서는 시간을 우두커니 헛되이 보내지 말고, 머릿속으로 문학 공부를 하자고, 그리고 그 방편으로 몇 년 전에 시도했던 그녀에게 연서를 계속 써 보자는 것이었다.

나의 엉뚱한 결심은 빛을 발휘하기 시작했다. 2-3일간 보초를 서는 시간에 머릿속으로 글의 내용을 정리한 다음, 글로 옮긴다는 것이다. 하루의 일과가 끝난 후 쉬는 시간 틈을 내어 A텐트에서 연서를 마무리하고 그녀에게 군사우편(무료)으로 보냈다. 그러니까 이때부터 제대할 때까지 그녀에게 보낸 편지는 무려 50여 통에 달했던 것으로 짐작된다. 그녀는 나의 소중한 편지를 받기만 하였지 단 한 번도 답장을 보내오지 않았다. 정말 대학생인 그녀는 일말의 순정도, 따뜻한 심장도 없는 대단히 차가운 여자임이 분명했다.

　난 정말 바보이었을까…? 지독한 고집의 독선적인 남자였을까…? 그렇게 답장도 없는 편지를 계속 보낼 수 있었던 힘은 어디에서 연유했단 말인가…? 그리고 나의 숨은 의도는 무엇이었을까…? 아니다. 난 다만 그녀를 향한 나의 이성관을 시험하려 했고 그것이 나의 문학을 향한 집념과 결부되어 나만의 문학 세계에 한 장르를 이루려 했던 것이다. 나의 어리석은 변명인지는 모르겠다.

　그때, 그 시절을 연상하면서, 난 20대 초의 최전방 일등병으로 돌아가 그녀에게 보낸 편지를 원안대로 복원해 본다는 차원에서, 지금 다시금 혼신의 힘을 다해 그때 그 편지를 여기에 옮겨 볼까 한다. 적어도 70% 정도까지는 그 편지 내용을 재생할 수는 있을 것 같기도 하다.

숙에게.

전방의 가을은 제법 싸늘하오.
한밤중에 겨울 파카를 입고 보초를 서고 있소. 오늘 밤 하늘의 별은 유난히도 밝고 빛나고 있습니다. 온 사방은 깜깜한 적막 속에 잠기어 있는데, 이름 모를 산짐승의 울음소리만이 간혹 울려대 나를 긴장시키고 있습니다.
다시는 숙에게 글을 보내지 않겠다고 결심했건만, 여의치 못하고 다시 이렇게 내 마음을 전하게 됨을 용서해주시오.

인연은 소중하다고 했습니다.
어떠한 연이든 나와 숙의 인연도 소중하다면 그렇고 귀한 인연입니다. 일방적인 인연도 언젠가는 서로가 될 수 있고, 마침내는 더없는 사랑을 낳을 수도 있는 것입니다. 숙은 언제나 내 마음속 깊이 자리하고 있는 만큼 아마 머지않아 숙의 마음도 움직일 수 있다고 믿어 의심치 않습니다.
러시아 대문호 시인 푸시킨은 그의 유명한 시에서
'삶이 그대를 속일지라도 우울한 날들을 견디며 믿으라, 기쁨의 날이 오리니….'라고 했습니다.

인간은 존재의 가치를 믿고, 믿으며 살라고 했습니다.
나라는 존재는 아직 그 존재의 가치 여부를 가늠할 때는 아닙니다. 그러나 내가 여기 최전방에 존재하고 있고 이렇게 신성한 국방의 의

무를 성실히 이행하고 있음은 당당히 존재의 가치가 있는 것이라 하겠습니다. 설사 내가 숙에게 계속 배척받고 외면 받는다 하더라도 나의 존재는 아무런 변함이 없을 것입니다. 혹시 숙을 향한 내 자존심에 상처가 나고, 내가 실망의 나락으로 전락하게 될지라도, 나의 바람과 희망은 좌절하지 않고 오히려 성숙해짐과 아울러 더 큰 용기를 가질 것이 분명합니다.

믿음은 우리들 삶의 희망이라 했습니다.
마음을 열수록 영혼의 울림은 커진다 합니다. 나는 앞으로도 언제든 숙의 마음이 열릴 것이라 굳게 믿으며 기대하고 있습니다. 숙의 마음의 문을 여는 길이 그렇게 힘들고 버겁더라도, 그 길이 쓰리고 아리고 저리다 하더라도 제야의 종소리가 울릴 때까지, 나는 변함없이 저벅저벅 걸어갈 것입니다. 또 소식 전할 것을 약속하며 오늘은 이만 줄이겠습니다. 항상 숙에게 신의 가호가 있기를 기도합니다.

1962. 9. 30.
전방에서 일병 신이가.

그녀는 살아있는지…? (2)

그녀에게 다시 보낸 연서(戀書)는 계속 이어졌다. 편지를 보낸 후 전방에서의 하루하루가 나로선 지루하지 않았고 무언가 '기다림이 있는 삶'이라는 의미에서 보람을 갖기 시작했다. 나는 연서의 멋과 내용에 만족할 경우, 소대장과 선임하사에게 힐책을 받거나 기합을 받더라도 즐거운 마음으로 대할 수 있었다. 아마 이것이 이성에 대한 설렘이고 사랑이기도 하다는 정의에 부정을 할 수가 없었다. 당시에 그녀는 내 병영 생활에 활력소를 불어넣는 마음의 심벌이었으며 나의 상상력에 날개를 단 마력(魔力)의 여인이기도 했다.

모든 것이 나에겐 긍정적으로 보이기 시작했다. 시멘트 블록을 옮기다 손바닥이 다 헐고, 지붕 석가래 나무를 하다 손을 다쳐도 그러려니 하고 지냈다. 배고픔의 허기가 등골을 찌르는 듯해도 '산골의 섬섬 옥수로 빈 배를 채우니 행복하다'는 생각에 만족했다. A텐트에서 같이 생활하는 고참병은 나의 낯설고 미흡한 처지를 감안해 나를 음으로 양으로 도와 주어 내겐 큰 힘이 되었다.

고생 끝에 낙이라 했다. 난 천신만고를 뒤로하고 연대 정훈과에 파견근무병으로 선발되었다. 당시 대통령 선거를 앞두고 박정희 대통령의 저서 〈우리민족의 나아갈 길〉을 만화극으로 만들어 전 부대원을 교육시키는 일을 맡게 되었다. 이때부터 나는 제대할 때까지 연대 정훈과에 근무하게 되는 행운(?)을 안게 된 셈이다. 원래 사병 파견자는 점호도 면제되고 보초도 서지 않는 특과병이었다. 자연히 여가 시간이 많게 되었고, 내겐 내용이 출중한 연서를 그녀에게 계속 보낼 마음의 여유가 생기었다.

원래 그녀의 답장을 기대한 것은 아니다. 그래도 나는 러시아 문학을 공부하는 대학생이고 최전방에서 고생하는 대한의 군인이었다. 아무리 나만의 일방적인 편지공세라 하더라도 '난 당신과 사귈 의향이 전혀 없다.'는 내용의 답장이라도 왔다면, 나는 단념하고 말았을지 모른다. 혹시 내가 사병의 신분으로 '절망'하면 안 된다는 염려가 앞서서 그녀가 내게 답을 안 준 것인지는 모르겠다. 이렇든 저렇든 난 개의치 않고 편지를 계속 보내고 말았다. 연대 정훈과 방송실에서 근무하면서 작성한 한 편지를 여기에 옮겨볼까 한다.

숙에게.

  이곳 전방의 초겨울은 너무나 춥군요.
  그동안 숙의 건강을 비롯해 대학교 신입생의 생활 등 모든 게 순조로울 것으로 믿고 있습니다. 지난번 서신을 끝으로 마감하려 했건만 내 마음 나도 몰라 이렇게 소식 또 전하게 됨을 정말 미안하게 생각합니다. '남아일언중천금'이라 했거늘 지키지 못해 미안하오. 하지만 나의 마음은 금으로 따지면 순도 100%에 버금가는 순금에 해당된다고 말할 수 있습니다. 그만큼 숙에게 향한 나의 마음은 순수하고 값지고 당차고 필연적이기도 하다는 것을 애써 강조하고 싶습니다.

   사람은 도리(道理)에 어긋나는 선은 넘지 말아야 합니다.
   언제나 바르게 살자는 '정도(正道)의 길'이 나의 좌우명이기도 합니다. 내가 지금 바른 길의 선을 넘나들고 있는지 모르겠습니다. 누가 나에게 "당신은 길은 잘못 들어섰다."고 날카롭게 지적할지 모르겠습니다. 그러나 난 지금 절대로 샛길도, 지름길도, 갈림길도, 흙탕길도 아니고 자갈길을 걷는 것도 아닙니다. 숙을 향한 가장 먼길일지도 모르지만 분명 비단길은 아님이 맞습니다. 나로서는 잘 다듬어진 편안한 둘레길이었으면 좋겠다는 생각에 빙그레 웃으며 박수를 보내고 싶습니다.

   셰익스피어의 〈로미오와 줄리엣〉의 사랑은 아닙니다.
   이루지 못할 사랑, '사랑할 수 없지만 사랑할 수밖에 없는 사랑' 그러한 사랑도 아니라는 것입니다. 소월의 시 〈초혼〉의 '산산이 부서진 이름이여, 부르다가 내가 죽을 그 이름이여…'라고 부르는 사랑도 아니라고 주장하고 싶습니다. 우린 설사 서로의 뜻을 전하고, 사랑의 합의점을 찾지는 못했어도, 하늘이 알고 땅이 인정하는 그런 지상 낙원에서 '운명(運命)이 정한 관계'라고 규정짓고 싶습니다.

언제 어느 날 숙의 마음의 문은 분명히 열릴 것입니다.

그 순간이 언제가 될지는 단정하기 어렵습니다. 성경에 '두드려라, 그러면 문이 열린다.'고 했습니다. 굳게 닫힌 숙의 문도 언제고 두드리면 열릴 그런 긍정의 문이라는 것을 나는 믿고 있습니다. 내가 지금 살아있고 앞으로도 살아가겠다는 힘의 원천은 모두 숙으로부터 나오고 있습니다. 때때로 이해, 배려, 나눔 등은 인류를 구원하고 세상의 평온을 가져오곤 합니다. 조만간 좋은 소식 기대합니다.

1962. 12. 1.
신이 보냄.

그녀는 살아있는지 … ? (3)

　전방의 겨울은 상상 이상으로 추웠다. 방한 시설, 방한복이 제대로 갖추어지지 않은 데다 졸병이 전방에서 처음 맞이하는 겨울이라 추위가 더욱 힘겹게 느껴졌다. 강원도 산골의 겨울눈은 시도 때도 없이 내리고 잘 녹지도 않았다. 부대 내의 제설 작업은 졸병의 몫이라 지루하고 지겹기도 했다. 때때로 눈 덮인 하얀 골짜기의 깊은 적막이 젊은 일병의 마음을 짓누를 대로 짓눌러 연일 내겐 마음의 앙금을 만들어 주곤 했다. 그래도 이 적막과 빈곤으로부터 탈출해야 한다는 절박감은 나에게 새로운 용기를 주기도 했다. 그녀에게 답장이라도 온다면 천금(千金)의 기회가 도래할 것이라는 희망의 싹을 종종 지우지 못했다.

　당시 전방 부대에는 연대 단위로 공민학교가 운영되고 있었다. 전방에는 그때만 해도 무학자가 부지기수로 많아 초등학교 수준의 국어를 교육시키는 제도이다. 교관이 휴가 중이어서 내가 대신 공민학교 교관을 대행하게 되었다. 보람 있는 일이고 열심히 해야 한다는 생각하에 열의를 다해 가르쳤다. 학생 중 열심히 공부하는 사병도 있었지만 작업, 보초가 없는 공민학교 학생은 특과라는 생각이 지배할 뿐 대체로 학생들에게는 열의가 보이지 않았다.

　봄이 돌아오자 내가 근무한 우리 부대 17연대(9.28 서울수복)가 군

단 사격대회에서 당당히 1등을 하였다. 우리 부대는 시상식에 참석한 후 부대로 귀대하는 사격부의 환영식을 개최하였다. 부대 정문에 들어서는 사격부에 맞추어 방송실에서 실황 중계를 하라는 인사 참모의 명이 떨어졌다. 나는 마치 KBS의 아나운서라도 된 듯 준비를 하고 또 해서 최종 리허설을 하고 나니, 정훈장교님이 아주 흡족해하였다. 실제로 나의 환영식 중계방송은 KBS 아나운서 못지않게 잘했다는 연대장의 칭찬을 전해 들었다.

아나운서의 역할은 기대 이상으로 잘 한 것 같았다. 이로 인한 나의 기쁨과 희망은 바로 그녀의 기쁨이요, 나와 그녀 사이에 그 어떤 예기치 못한 서광의 계기로 발전할 수 있다고 생각했다. 가느다란 희망이긴 하지만 내 마음속에 스며들기 시작한 희망의 날개는 연서를 계속 보내겠다는 결심으로 굳어졌다. 나로서는 그녀에게 전할 말이 너무 많았고 편지내용도 가일층 잘 써질 것만 같았다. 연대 매점에서는 막걸리를 팔고 일과 후 사먹을 수 있었다. 막걸리 한 주전자에 빵3개를 안주 삼아 전우와 함께 마신 다음 마음을 새롭게 가다듬고 내 마음의 진심을 그녀에게 또 전하였다.

내 마음에도 새봄을 맞이한 듯 새로운 기분으로 그녀에게 순결한 마음을 바탕에 깔고, 다음과 같은 내용의 연서를 그녀에게 보냈다.

숙에게.

  살얼음이 녹듯 최전방에도 눈이 모두 녹아내리고 있소.
  봄이 오는 소리가 도처에서 들리고 있습니다. 아마 나의 군 생활이 어느 정도 익숙해져 자연의 모습이 그대로 보이고 그 소리도 들리는 듯합니다. 우리부대 골짜기 도랑에도 물이 졸졸 흐르고 온갖 새소리도 귓전을 두드리고 있습니다. 바람 소리, 물소리, 새소리가 한데 합장하여 부대 안 초저녁의 적막함을 흔들어 대고 있습니다. 숙의 마음도, 기분도 이젠 눈 녹듯 녹아내리리라 믿고 싶습니다. 남녘에는 매화를 비롯해 개나리, 진달래 등 여러 가지 꽃들이 만발할 것입니다. 이에 뒤질세라 서울에도 여러 가지 꽃봉오리가 주렁주렁 봄을 알리고 있겠죠.

  어제는 잠자리에 들면서 자성(自省)의 시간을 가졌답니다.
  '아.…!! 내 잘못이다. 왜 나는 나만을 생각하고 상대의 입장을 배려함이 부족하냐.'고 나에게 되물었습니다. 물론 숙의 입장에서 볼 때 내 잘못은 큽니다. 그러나 우리는 20초반의 젊은 나이입니다. 청춘의 남녀이고 한 청년이 한 여인을 사랑하고 있고, 사랑하고 싶다는 간절한 마음을 두고, 잘못이라는 지적은 천부당만부당하다는 내 의지를 전하고 싶습니다. 다만 숙에게는 미안하고 고개 숙여 사죄하고 싶은 나의 마음 간절하다는 뜻도 알아주었으면 합니다.

  오늘도 태양은 뜨고 서산에 해는 집니다.

세상만사는 자연의 순리대로 일어나고 움직이고 사라지고 합니다. 고등학교 국어교과서에 나오는 글로 정비석 작가는 '인생고작 70생애에 희로애락을 각축하다가 한 움큼의 부토로 돌아가는 것이 인생이라 생각하니 암운이 수수롭다.'했습니다. 짧다면 한없이 짧은 인생, 숙과 나의 삶이 언제나 기쁨이었으면 합니다. 삶의 여정이 다 굴곡이 있고 기쁘면 슬픔이 있다고 하지만 우리에겐 항상 기쁨과 즐거움으로 충만했으면 합니다. 서산에 해는 지지만 숙과 나에게는 언제나 지는 해가 없다는 것을 믿어 의심치 않습니다.

성공의 열매는 노력하는 자의 것이라 했습니다.
난 당당히 최소한의 성공을 걷은 후 숙 앞에 당당히 나서야 했는데 너무 조급했거나 예의가 바르지 못했습니다. 인생이 무슨 문학 작품의 이야깃거리가 아닌 것은 맞습니다. 몇 번 반응이 없으면 단념할 줄도 알아야 현명한 남자이고, 기대 가능성이 있는 사람인데 이렇게 무작정 나서기만 하는 무례한 남자를 봐줄 수는 없을 것입니다. 그렇긴 하지만 내 마음 나도 몰라 이렇게 헤매고 있는 것입니다. 널리 헤아려 이해해 주시고 용서를 빕니다. 오늘은 이만 줄이겠습니다. 내내 건강하세요.

1963.3
양구 어느 산골짜기에서
신이가.

그녀는 살아있는지…? (4)

　삼복더위가 지나고 전방에도 아침저녁으로 선선한 바람이 불어왔다. 대통령 선거(63.10)를 겨냥한 선거 운동을 열심히 한 덕이었는지, 나는 원 소속 중대 소총 소대로 복귀하지는 않았다. 12월에 제대가 예정되어 있는 관계로, 제대 장병들이 누리는 열외 덕을 보고 편히 지냈다. 점심시간에 공지 사항을 방송해 주고 음악 방송을 틀어 준 다음 일과 후에 1시간 정도 방송을 하는 것으로 나의 일과는 끝이었다. 제대를 앞두고 참으로 편한 군대 생활을 이어간 셈이다.

　가을 초입 어느 토요일 고등학교 친구 셋이서 느닷없이 그 먼 곳 내가 근무 중인 전방 부대까지 나를 면회하러 찾아왔다. 전갈을 받은 나는 흥분을 감추지 못하고 처음으로 양구 읍내로 친구들과 함께 외출을 했다. 전방에서 군복을 입은 일등병이 절친한 친구를 만난다는 것이 꿈만 같았다. 설레는 마음을 뒤로하고 친한 친구 셋을 반갑게 만나 식사와 곁들여 한잔하고 여관방에서 밤늦게까지 대화를 나눈 후 잤다. 만일 애인이 면회를 와서 하룻밤을 지새웠다면…. 나는 그런 재주가 없었고 능력도 안 되었다.
　면회 온 친구들과 양구 읍내의 유명한 맛집에서 육개장을 먹었다.

그때 육개장을 얼마나 맛있게 먹었던지, 그 맛을 지금도 잊을 수가 없고 육개장 식당의 모습이 눈에 선함을 금치 못한다. 육개장 안에 든 고기 맛도 일품이었거니와 매콤하고 시원한 육개장 국물은 전방 일등병의 입맛을 사로잡기에 충분하고도 남았다. 육개장에 어울리는 막걸리와 소주를 함께 한 그 맛은 이 세상에서 가장 맛있었던 음식으로 기억된다. 나는 아직까지도 그때 그 맛을 능가하는 육개장을 다시는 어느 곳에서도 먹어보지 못했다고 단언하고 싶다.

전방에서 두 번째 맞이하는 겨울은 그런대로 견딜 만했다. 제대를 앞둔 들뜬 마음에서 비롯했을 것 같고, 초겨울의 추위를 느끼는 것조차도 내 마음속엔 즐거움으로 변한 듯했다. 삭막한 산골짜기를 벗어난다는 구속에서의 해방이 마냥 즐거움을 선사했고 대학에 다시 복학하면, 친구를 만날 수 있다는 만남의 선물을 기다리는 심정이 나를 기쁘게 했다. 가냘픈 희망이지만 이번에 제대하면 그녀를 만날 수도 있다는 기대 가능성도 함께 하면서 먼 산의 파란 하늘을 바라보고 간절히 기도하였다.

18개월의 군복무가 거의 끝나 갈 무렵, 난 2사단 17연대를 떠나기에 앞서 이런 편지를 그녀에게 보낸 것으로 기억하고 여기에 옮겨보도록 한다.

숙에게.

이제 2주만 있으면 난 서울로 돌아가오.
나에겐 신의 가호가 있었기에, 또한 따듯한 숙의 영상이 있었기에, 군복무를 무사히 마치고 귀향할 날을 기다리고 있습니다. 주변의 동료들보다 절반의 군생활로 복무를 마치는 것이라, 미안한 마음이 앞서고 있음을 피하지 못합니다. 그래도 최전방에서 부대 외각 보초, 시멘트 블록 신축 막사 공사 지원, 대통령 선거 운동, 공민학교 교관강의, 방송실 아나운서 역할 등 여러 가지 맡은 바 임무를 성실히 이행하였습니다. 모든 게 큰 과오 없이 순조롭게 끝맺음을 이룩할 수 있었음은 모두가 숙과의 희망이 있었기 때문이란 점을 강조하고 싶습니다.

참을 인(忍)자 셋이면 큰 화(禍)를 면한다 했습니다.
나는 숙에게 '답장 없는 편지'를 계속 보내면서 참을 인자를 매번 생각한답니다. 참다보면 언제고 내게도 서광(曙光)이 비추어 내릴 날이 올 것이라 확신합니다. 그 확신이 꿈으로 끝나고 만다는 미래의 예측이 설사 내게 현실로 다가온다 하더라도 나는 결코 실망하거나 좌절하지 않을 것입니다. 왜냐면 쉬지 않고 떨어지는 낙숫물에도 돌이 파이고 깨진다는 자연의 섭리를 나는 굳게 믿고 있기 때문입니다.

만남의 기회는 반드시 찾아올 것입니다.
서로 간의 대화가 없는 곳에 오해(誤解)가 있을 수 있으며, 심각한 이견(異見)이 있을 수 있습니다. 그래서 서로의 만남은 소중하고 존중되어야 한다고 생각합니다. 만일 나와 숙이와의 만남이 성사된다면 아마 모든 문제는 눈 녹듯이 스르르 해결되리라고 믿습니다. 숙의 생각도, 마음도 나와 동일할 것입니다. 다만 숙으로서는 이제 와서 어떤 돌발적인 의사를 표명하기가 참으로 곤란할 것이라는 점도 이해합니다.

세상은 노력하는 자의 것이라 했습니다.
제대하면 내년 4월에 3학년에 복학합니다. 숙이와 같은 학년이 되는 셈이죠.
열심히 공부해서 장학금도 받고, 졸업 후 좋은 직장에 취직도 할 것입니다. 남들이 우러러보는 그런 사람이 되고자 더 노력하고 또 노력하겠습니다. 사나이답게, 남아답게, 훌륭한 사람이 될 것을 숙이 앞에 엄숙히 맹서하는 바입니다. 이러한 다짐이 꿈이 아니고 현실로 다가올 때 우리는 더 성숙한 인격체로서 남남이 아닌 서로의 관계를 만들어나갈 것입니다. 날씨가 점점 추워지네요. 건강에 조심하시고 항상 꿈이 함께 하기를 기원합니다.

1963. 11. 30
신이가 보냄.

화물차(곳간차)의 추억

요즘 며칠 간 나는 김숨 작 소설 〈떠도는 땅〉을 읽었다. 동 소설이 2020년 동인문학상 수상 작품인 데다 작품의 내용이 러시아에 거주하는 우리나라 교포인 '고려인'의 피맺힌 한(恨)을 적나라하게 그렸기에 관심을 갖고 읽어보았다. 오랜만에 소설을 읽은 탓인지, 아니면 시력이 전보다 못한 이유 때문인지, 기력(氣力)이 다 소진되어서인지, 머릿속에 남는 소설 이야기의 내용이 별로 신통치 못했다는 점에 그만 놀라움을 금치 못했다.

작가 김숨은 여자의 몸으로 그 어려운 시베리아, 극동 지역에서의 현지 취재라는 어려운 문제를 성공적으로 이루었다. 아울러 러시아에서 고국으로 귀국한 고려인들과의 면밀한 면담을 통한 역사적 사실 파악에 진력하였음이 소설 전체의 흐름이다. 이에 따라 소설 〈떠도는 땅〉은 역사적인 문헌의 가치를 지니고 있으며, 문학적인 면에서도 그 품위가 한층 돋보이고 있다는 점을 독자로서는 높이 사고 싶다.

1937년 당시 소련은 극동, 연해주에 거주하는 우리 교포들을 일본 제국주의 세력의 동조자로 간주, 중앙아시아로 강제 이주시켰다. 소설은 처음부터 끝까지 이렇게 강제로 이주당한 고려인들의 시베리아

화물차 내에서의 고난의 동정과 대화를 통해 소련 당국의 잔학상을 적나라하게 그리고 있으며, 곁들여 고려인들의 실상을 통해 소련 공산주의 정권의 폭정과 그 허구성을 낱낱이 고발하고 있음이 특징적으로 나타나고 있다.

  고려인들은 그해 가을에 극동 연해주에서 화물차에 오른 후 겨울이 다 돼서야 중앙아시아의 카자흐스탄 및 우즈베키스탄공화국에 도착하였다. 작품 속에는 중앙아시아로 이주하는 우리 고려인들의 강인한 정신과 불굴의 끈기 있는 저항력이 섬세하게 그려지고 있다. 특히 고려인들의 화물차 안에서의 삶의 흔적들이 작가의 뛰어난 문장력과 시적 표현으로 여러 곳곳에 함축되고 있어, 독자들에게 크나큰 감동을 주고 있다. 오랜 기간 화물차에서 짐짝 취급을 받으며 고생한 고려인들의 '고난의 이주 여정'은 이 소설에서 하나의 대서사시로, 또한 훌륭한 다큐멘터리로서 인간의 의지와 연민의 정을 충분히 반영하고 있다.

  소설 〈떠도는 땅〉을 읽으면서 나는 6.25사변 후 내 고향 시골(용문)에서 서울을 가고 올 때 이용한 통근 열차의 곳간차(화물차 일부개조)가 연상됨을 피할 수 없었다. 3년간의 6.25전쟁 후 서울이나 고향은 살만한 집이 거의 없는 폐허로 돌변하였다. 교통수단은 철도가 전부였고 간혹 군부대 트럭을 얻어 타고 고향에 다녀올 수가 있었다. 서울에는 전차만이 운행되었고 서울과 지방을 오가는 버스는 없었다.

  당시 중앙선 철도에는 객차가 2개 노선이 개설되어 다니었다. 여객전용열차(서울역-안동)와 통근열차(청량리-원주)가 하루에 한 번씩

왕복하였다. 그런데 통근열차는 여객을 실어 나르는 객차가 아니라 화물차를 개조해서 만든 임시객차 6-7량으로 만들어졌다. 화물차 문간에 간이 승차 시설을 달았고 차 안에는 나무송판으로 간편한 긴 의자를 가로세로로 설치하였다. 냉난방 시설은 생각조차 못했고, 사람을 분간할 수 있는 희미한 전등이 홀로 컴컴하고 썰렁한 화물차 안을 밝힐 뿐이었다.

서울 중고등학교에 진학한 지방학생들은 통근열차인 이 화물차를 곳간차라 부르며 타고 다녔다. 그땐 3년간의 전쟁 이후이었고 서울이나 나의 고향이 치열했던 격전지이라, 국민들 누구나 최소한의 먹을 것만 있으면 되었지, 집이라든가 교통수단, 전기, 수도 시설 등에선 불만이 있을 수 없었다. 서울을 오가는 화물차 안에 가득히 승차한 사람들의 표정은 그야말로 내 자신이 전쟁에 살아남았다는 현실에 안주하고 있을 뿐 서로가 서로를 위로하고 감회를 주고받는 서글픈 군상들의 모습이었다.

1950대의 한국, 그러니까 그땐 우리나라가 세계에서 제일 못사는 최빈국이었다. 지금의 내전을 겪은 시리아나 전쟁이 끝난 아프가니스탄의 실정을 보면 이해가 될 것이다. 먹을 것, 입을 옷, 잠잘 곳이 마땅치 않았던 시절의 전쟁터였다. 사실 철도가 닿는 곳은 그래도 행운이라는 지역으로 취급받았으며 화물차를 타고 갈망정 '나는 기차 타고 서울 간다.'는 행복감에 젖을 수 있었다. 그때 서울로 통학하는 학생들을 제외하고는 기차표 살 돈이 없어서, 아니면 돈을 아끼려는 심정에서, 학생들 대부분이 몰래 무임승차를 하고 다녔다.

기차가 서울 청량리역 가까이 오다 입구에서 신호 대기하는 경우가 종종 있다. 이때가 무임승차하는 학생들에게는 기차에서 하차할 절호의 기회이었다. 바삐 기차에서 내려 근처 담이나 철조망의 개구멍을 찾아 역을 빠져나가곤 했던 기억이 지금도 생생하다. 그땐 그 짓이 못된 짓이라는 개념이 전혀 없었고 역무원에게 잡히지만 않으면 된다는 생각으로 가득 차 무임승차를 되풀이하는 데 열중했다.

우리나라가 지금 선진국이 되었다고 모두들 으스대고 있다. 정부는 선진국을 자기들이 만들어낸 양 자화자찬(自畵自讚)에 여념이 없다. 뭐 국민, 정부가 다 노력한 결과임이 맞기는 하다. 그러나 정작 그 선진국이 된 성과의 이면에는 가장 못사는 나라를 여기까지 이끌어 온 숨은 공로자가 수없이 많다는 것을 알아야 한다. 거기에는 서독 파견 광부로부터 간호원들, 중동사막에서 땀을 흘린 근로자들, 그리고 월남파병으로 목숨을 바친 국군 장병들이 포함되어 있다. 이들 모두가 흘린 피와 땀의 애국정신이 우리나라 선진국 달성에 기여한 바가 가장 크다는 것을 두말할 나위가 없다 하겠다.

내년 3월에 있을 우리나라 대통령선거에 차기 대통령이 되겠다고 나선 대통령후보 군상들, 그들의 모습 하나하나에서, 그들이 매일매일 국민에게 약속하고 있는 말들에서, 오늘의 대한민국을 만들어놓은 지나간 애국자들에게 감사의 표시를 하는 것을 못 보았다. 그들 후보자들은 1950년대의 곳간차의 설움을 알고는 있는지…? 그들은 누구인가, 대한민국 국민이 아닌지…? 하늘에서 방금 내려온 이방인(異邦人)들인지도 모르겠다.

III.

오늘의 지혜로운 일상

신록의 계절

요즘 산이나 들은 온통 푸름으로 꽉 차있다. 나무나 풀은 눈에 보일 정도로 쑥쑥 자라고 힘도 받아 옆으로 뻗어나 늘어진다. 물과 온도, 습도 등의 조건이 식물의 숙성에 알맞아 그런 게 아닌가 싶다. 온갖 나뭇잎의 색깔도, 겨울을 난 소나무 잎마저도, 모두 녹색의 극치를 이루어 뽐내고 있음을 본다. 아마 나무의 1년 자람을 증명하는 나이테 금도 이 순간에 선을 하나 뚜렷이 긋고 나잇값을 자랑할 것이 분명하다.

긴 장마가 본격적으로 시작되고 삼복더위까지 겹치니 신록의 향연은 더 싱싱한 여름빛깔의 기세가 등등하기만 하다. 비 온 뒤 숲속에서는 나무들 사이로 뻗는 긴 햇빛줄기가 김 서림과 어우러져 아름다운 자태를 빛내고 있다. 사방에서 풍기는 신선한 풀 내음도 숲속의 향기와 함께 코끝을 마냥 감미롭게 장식한다. 미미하게 불어오는 산들바람이 소나무의 맑은 향기를 품고 내 전신에 싱그럽게 휘감고 지나감을 느낀다.

오…!! 7월의 푸르디푸른 잔치여….
그대 이름 지어 신록의 '여름 손님'이다.
짙푸른 녹색의 부름은

반갑고 고맙기 그지없다.
마음도, 몸도 늘 푸름에 실려 간다.
어인 일인가…?
느닷없는 장맛비의 큰물 잔치가
온 누리를 휘젓고 지나간다.
바라지도 않고 원하지도 않은 폭우….
잔인에 겹쳐 지겹고 지루하기도 하다.

생각은 고쳐먹기 나름이니라.
초록의 향연으로 변하는
대자연의 장관이야말로….
어느 곳을 보아도 신비로움의 장관이다.
모든 흠집을 감추어주고 덮어주는구나….
이것이 바로
우리들 모두가 기대하고 바라는
'초록의 행복한 집'이다.

7월의 신록을 일구는 모체는 태양이 우두머리이다. 태양은 위대하고 우리에겐 불가항력적인 존재이다. 이제 곧 우리에게 열대야의 선물을 연례행사처럼 내려주고 말 것이다. 이럴 땐 신록의 가치와 존재는 뜨거운 태양열을 반감시켜주는 선물이 되고 만다. 그래서 깊은 계곡의 싱그러운 산과 숲, 여러 빛깔로 반짝이는 시원한 개울물은 찜통더위에 맞서는 사람들에게 새로운 기력과 활력을 돋아주고도 남는다.

사람들은 찜통더위를 피해 깊은 계곡으로, 아니면 푸른 바다로 시원한 물을 찾아 도망을 간다.

　집에선 창문을 다 열어놓고 열대야와 싸워본다. 집 안의 에어컨을 작동하지 않고 견디려는 굳은 의지의 구현이다. 창문에선 신록의 향기로운 바람 대신, 달궈진 대지의 후덕 지근한 뜨거운 바람만이 손님의 역할을 대신한다. 누구나 각종 원색의 제철과일의 달콤함 맛을 즐기며 불청객인 삼복더위를 쫓아보려 한다. 그것도 빨강, 노란색 과일은 피하고 포도, 블루베리, 키위 등 녹색, 보라색 위주의 과일을 택하여 불덩이 더위를 피하려 한다. 이내 에어컨을 작동하지 않고는 더위와의 싸움이 여의치 않음에 실망하고 만다.

　장맛비도 열대야를 식혀주지는 못한다. 오히려 짓궂은 비의 지속은 습도를 더 높이기만 해 열대야로 빚어진 고통을 증가시키는 데 기여할 뿐이다. 장맛비는 햇빛이 쨍쨍한 한낮에 느닷없이 내리는 소나비처럼 시원한 맛도 없고 기암절벽을 타고 쏟아지는 거대한 폭포수처럼 버거운 더위를 식혀주지도 못한다. 다만 신록의 왕성해진 나무와 풀이 물기를 마음껏 머금고 물을 뿌리 부근에 많이 저장함으로써 장맛비의 피해를 다소나마 줄일 수 있다고 한다.

　아무래도 7월의 멋은 더위를 식힐 수 있는 여유와 휴식을 찾는 일이다. 그 옛날 시골집 대청마루에서 앞뒤로 문을 활짝 열어놓고 햇보리 꽁보리밥에 열무김치를 곁들여 고추장에 참기름 넣고 썩썩 비벼 먹던 추억을 더듬어보자. 휴식의 공간은 그렇게 먼 곳에 가지 않아도, 유명한 휴양처를 찾지 않아도, 얼마든지 가까운 곳 내 집 안에서도 두루두루 멋진 빈자리를 마련할 수 있다.

코로나 팬데믹이 변종과 함께 다시금 한반도를 강타하고 있다. 각자도생(各自圖生)한 지는 이미 오래되어 감내할 수는 있다. 그러나 이놈의 장마와 열대야가 합세하여 우리를 괴롭히는 셈이니, 더할 나위 없이 힘들고 지쳐있는 상태이다. 우리 일반 국민보다 일선에서 고군분투하는 의료인들이야 오죽하겠냐만 사실 서로 마주보면서 허탈한 심정이 앞선다는 말이 맞지 싶다.

그래도 우리는 어떠한 어려움과도 싸워 이겨왔다. 전쟁과 독재, 가난과 배고픔, 질병 등 모든 고난을 슬기롭게 극복한 국민이다. 이번에도 '7월의 푸른 꿈'을 아로새기며 힘찬 가을을 맞이할 것이 틀림없다.

잦은 비와 텃밭 농사

보통 하지(6.21)가 지나면 장마철로 접어든다. 금년에도 6월말부터 제주도로부터 장마가 시작되어 7월초에 장맛비가 본격적으로 우리나라에 상륙할 것이라고 한다. 매년 계속되는 이 장마전선은 덥고 습한 북태평양 고기압을 동반하고 대략 한 달여 동안 한반도에 오르락내리락 머물다 물러간다. 올핸 그렇지 않아도 5월부터 지속된 잦은 비가 마치 장마철을 방불케 하듯 쉬지 않고 내리어 가뭄을 잊은 농민들에게 선물을 듬뿍 주는 양 마음 편한 농번기를 맞이하게 하고 있다.

그러나 코로나 우울증의 저기압은 그칠 줄 모르고 지속되고 있다. 곧 장마가 시작되면 눅눅하고 끈끈한 습도가 온 누리를 덮치어 우리들의 마음을 짓누르게 마련이다. 자연히 코로나 우울감에 장마의 답답함이 서로 엉키고 겹치어, 누구에게나 마음의 병을 유발하기 십상이다. 여기에다 만성적인 우리 사회의 병리현상(病理現象)이 '내로남불'을 필두로 갖가지 질병에 혼합되어 중병으로까지 발전하여 우울증에 불을 놓고 있는 꼴이다.

우리 국민은 웬만한 병은 그런대로 참아 넘기는 습성에 익숙해져 있다. 그러나 국민 편 가르기 심화, 사상 초유의 부동산 폭등, 공정과 정의의 가치 쇠락 등의 부조리 현상은 오늘의 민심을 혼탁과 불신의 늪으로 점점 더 깊게 몰아가고 있다. 광란의 천둥소리와 장대 같은 소낙비가 지금 우리가 겪고 있는 마음의 상흔을 없애주기라도 했으면 좋겠지만 그도 저도 여의치 못한 채 오늘의 병리적 현상이 더욱 증폭되고 있을 뿐이다.

6월의 막바지인 어제(5.29) 오후에도 세찬 소낙비가 온 대지를 흠뻑 적시고 지나갔다. 마침 주차장에 차를 세우고 한의원에서 침을 맞고 나오니, 내 차는 세차를 한 것 이상으로 깨끗해졌다. 그러지 않아도 자동차 세차를 해야 하겠다고 마음먹고 있었는데, 하늘이 내 마음을 알아주기라도 한 듯 정말 차는 말끔하게 청소가 되어있었다. 운전대를 잡은 마음도, 손도 잠시 가볍고 즐거움을 느끼는 순간 아프던 발가락 통증도 다 사라진 것 같았다. 밤에도 비가 많이 내려 아파트 단지 앞 개울가 갈대숲이 모두 누워있는 걸 보니 올해 비치고는 제일 많이 내린 것이 틀림없다.

비가 오는 것은 막을 수도 없고 피할 수도 업는 일이다. 하늘의 뜻이고 자연의 섭리이기도 하다. 가뭄이 심한 경우, 하지가 지나도 비가 안 올 땐 농민들은 하늘에 대고 기우제(祈雨祭)를 지내기도 한다. 비는 적당히 내려야 여러 가지로 좋다. 양도 많게 자주 내리는 비는 정신적 우울감을 크게 자극하거나 촉발시킨다고 한다. 하루건너 비가 잦은 영국에 사는 사람들은 항상 마음이 우울하다고 한다. 아마 영국 사람들이 전투적이고, 세계 도처에 식민지를 확보한 것도 이와 무관치는 않을 것이다. 겨울 내내 눈 내리는 눈발 공세에 시달리는 러시아 사람들은 항상 음산한 기분에 젖어있다고 한다. 러시아 사람들이 성격상 음흉한 면이 짙다는 평은 아마 기후 탓일 것으로 짐작된다.

 아마 올 오뉴월에 자주 내린 비로 크게 덕(?)을 본 것은 우리 집 텃밭의 잡초인지 싶다. 내가 20여 년간 텃밭 농사를 지어왔지만 이렇게 각종 풀이 극성스럽게 죽죽 기를 뽐내고 자란 해가 없을 것으로 짐작된다. 허기야 농촌 사람들이 비온 뒤의 풀의 웃자람을 빗대어 놓고 하는 말이 '풀을 매고 돌아보면 풀이 또 나와 있다'라고 푸념할 정도로 풀은 자생력이 질기고 강하다. 정말 금년 초여름 텃밭의 각종 풀은 일주일에 2-3일 내린 비에 힘입어, 무성하고 풍성하게 그들만의 리그를 마음껏 자랑하고 있었다.

 밭을 매다보면, 시간 가는 줄 모른다. 농사일이란 것이 원래 힘들고 아무나 하는 것이 아니라는 것은 알고 있어도 소용없다. 나이 많은 사람들로선 농사일에 가급적 조심해서 일하고 적당히 운동 삼아 하라는 것이 고향 친구들의 조언이고 나도 그렇다고 수긍하는 일이다. 그렇지만 막상 일을 시작하다 보면, 몸의 이곳저곳 아픈 데를 잊어버린 채 무리하게 일하고 있다는 사실조차도 잊고 만다. 자연히 일한 다음 날엔 몸의 곳곳에 후유증을 알리는 심한 통증이 뒤따름을 자각하고는 후회막급이기도 하다.

비가 잦은 탓에 텃밭에서 나는 각종 나물과 채소류는 싱싱하고 풍성하다. 양도 많고 맛도 괜찮은 편이다. 자연히 아내의 손이 바쁘게 움직여 아들, 딸 집의 식탁에도 먹음직스럽게 공급된다. 부모 된 입장에선 아무리 힘이 들더라도 그게 기쁨이고 즐거움이며 도리이고 의무라고 생각한다.

노인의 노화, 노쇠를 촉진하는 일일까…? 더 더디게 방지, 예방하는 길일까…? 잘은 모르겠다. 아무래도 긍정의 면이 큰 것만은 누구도 부정할 수 없을 것이다. 이런들 저런들 어떠랴…!!

오이지의 참맛

오이지(오이절임)는 한마디로 우리들의 '국민반찬'이란 말이 맞지 싶다. 누구나 간단하고 쉽게 만들 수 있고 가격도 저렴하며 보관도 용이하여 장기간 어느 때나 식탁에 올릴 수 있는 반찬이기 때문이다. 어린이로부터 노인에 이르기까지 사시사철 먹어도 질리거나 거부감을 주지 않는 반찬의 보배라고 하면 동의할 사람이 많을 것 같다. 오이절임은 우리나라뿐만 아니라 해외 어느 곳을 가더라도 여러 가지 형태의 식재료로 식탁에 오르고 있음을 본다.

그 옛날 우리가 가난에 찌들던 시절, 시골 농촌에선 오이지가 농번기에 빼놓을 수 없는 여름 반찬의 으뜸이었다. 오이지는 시골 학생들 도시락의 주 반찬으로 제 몫을 다하였던 기억이 지금도 새롭다. 그 시절 시꺼먼 꽁보리밥에다 갓 떠온 찬 우물물에 듬성듬성 썰어 넣은 오이지만으로 점심을 때우곤 했다. 그때의 배고픔의 설움을 생각하면 시리고 아팠던 마음의 상처가 언제나 성큼 떠오르고 만다. 하지만 건강을 감안한 지금의 잡곡밥 맛보다는 그때의 꽁보리밥 맛이 몇 배 이상 꿀맛이었다는 것은 부인하지는 못한다.

오이는 시골 농가에서 여름 한철 어느 곳에서나 가장 재배하기 쉬운 야채이다. 수분공급이 좋으면 잘 자라고 수확도 기대 이상으로 풍성하여 농민들에게 매일 기쁨을 주는 매력적인 채소이다. 삼복더위 한낮에 오이가 자라는 것을 자세히 보고 있노라면, 쑥쑥 자라는 오이가 눈에 보인다고들 말한다. 호박이나 마찬가지로 자라는 게 보인다고 하지만 그만큼 잘 자란다는 말의 뜻이다. 오이의 주성분의 물이라는 것은 익히 잘 알고 있는 터이라, 누구나 산행하는 사람은 언제나 오이 몇 개를 꼭 챙기어 가곤 한다.

오이지는 오이반찬의 대표격인 식품이다. 오이가 잘 자란 예쁜 것들을 골라 소금물에 식초, 매실청이나 설탕, 소주 등을 넣고 일정 기간 절여 만든다. 절임이 끝난 오이지는 그대로 잘게 썰어 냉수 맹물에 그냥 넣고 고춧가루, 식초를 타서 반찬으로 먹는다. 아니면 더 잘게 썰어 오이지의 물기를 뺀 다음 양념을 첨가하여 맛을 내 조물조물 무쳐먹는다. 냉수 맹물 오이지는 입맛 없는 여름 한철에 맛있게 먹을 수 있지만, 찬바람이 나면 맛이 덜해져 이때부터는 무쳐먹는 쪽이 한결 더 제 맛을 낼 수 있다.

　* 오이지의 장점을 몇 가지 열거해보자.
　　- 아삭아삭하고 짭조름하며 시원한 식감을 주어 입맛을 돋우어 준다.
　　- 사계절 보관하고 먹어도 맛의 변화가 뜸하다.
　　- 체내의 불순물 제거에 기여하고 혈액순환을 돕는다.
　　- 여성의 다이어트 식품으로 분류되는 식품이다.

- 비빔국수, 라면 등 면 요리에 제 맛을 내는 필수적인 첨가물이다.

아무래도 오이지는 내가 밭에서 직접 재배한 친환경 농산물인 오이로 담아야 오이지의 참맛이 돋아난다. 시장에서 대량으로 사다한 것은 맛이 밋밋하고 쫄깃쫄깃한 감을 주지 않는다. 텃밭 오이지는 오래 두고 먹어도 무르지 않고 제 맛을 유지한다. 시장오이는 너무 사이즈가 큰 것 위주이므로 맛이 덜하다. 노지에서 크고 좀 작은 듯싶은 오이가 오이지의 참맛을 그대로 내고 그 맛도 오래간다.

가을을 또 맞으며

처서(處暑)가 지나고 가을장마에 들어선 날씨는 어느 결에 확 서늘해졌다. 냉커피는 저리 가라, 뜨거운 커피가 제격인 것 같고 샤워도 따듯한 물이 더 좋은지 싶다. 분명 가을이 왔음을 알리는 신호이기도 하고, 누구나 바라고 고대하던 계절의 변화임이 맞다. 그러나 가을을 맞이한 내 마음은 유난히 편치 못함을 경험한다. 지난해와 달리 어쩐지 마음이 무겁기만 하고 씁쓸한 기분이 온몸을 휘감고 있다. 이름 모를 우울감이 내 머릿속에 깊숙이 파고들어 안착해서인지, 불안감의 혼돈(混沌)이 깊은 늪을 헤매고 만다.

나이 때문일까…. 나이 때문일 수도 있다. 아니면 그놈의 코로나 때문일까…? 그렇다. 코로나가 해결 기미를 온통 안 보이는 가운데 친구들도 못 만나고 집에만 틀어박혀 있으니 그렇기도 하다. 아니다. 세상 모든 게 불확실성의 몰골들이 난무한다. 돌아가는 안팎의 상황이 모두 제멋대로 놀아나는 꼴들이다. 이리 봐도 저리 보아도 즐거움을 주는 게 없고 기분 좋은 뉴스도 없다. 국제 뉴스도, 국내 소식도 온통 멀쩡한 사람에게 화(禍)만을 불러일으키고 있을 뿐이다.

아무튼 후덥지근했던 여름 한철 삼복더위의 지겨움을 떨쳐내지 못하고 있는 것은 사실이다. 나만 그런 것일까…? 아파트 값이 천정부지로 오른 집주인은 그렇지 않고 신바람만 날까…? 온갖 이상한 법률을 만들어대는 의원님들은 마음이 시원하실까 아닐까…? 주식이나 부동산을 사대는 '영끌족(영혼까지 끌어 모으는 사람들)'의 마음은 편안할까 불안할까…? 백신 준비도 못하는 정부당국자들의 배짱은 어느 정도인지…. 알고는 있는지 모르는지…? 가계 빚, 나라 빚의 끝은 어떻게 될 것인지…. 아무도 모르고 있는 것 같다.

그래도 머지않아 가을은 본래의 모습을 되찾아 오고 만다. 파란 하늘도 다시 맑게 빛날 것이며 정작 가을바람도 조금은 싸늘하게 내 가슴을 휘젓고 날아들 것이다. 빨간 고추잠자리가 개울가에 떼 지어 다시 넘나들고 둘레길 언저리에 피었던 코스모스 꽃도 만발할 것이 분명하다. 가을 숲길은 더없이 맑고 시원할 것이며 새소리, 바람 소리, 물소리도 더한층 즐겁게 어울림을 자랑할 것이다. 그동안 우리네 마음에 가득 찼던 결핍(缺乏)과 불안 심리를 일거에 사라지게 할 자연의 선물이 바로 가을의 선선한 바람이기도 하다.

올 가을도 곧 깊어질 것이다. 자연히 오곡백과(五穀百果)의 결실이 우리 곁에 성금 다가와 마음의 설렘을 자극할 것이다. 아름다운 단풍과 함께 지는 낙엽도 모두의 놀람과 탄성(歎聲)을 자아낼 것이 분명하다. 우리말 속담에 '더도 덜도 말고 가윗날만 같아라….'고 했다. 가을은 남자의 계절이라고 하는데 이 얼빠지고 쓸데없는 근심, 걱정, 우울감을 파란 하늘로 날려 보내기 위해서라도 가을을 마음껏 즐겨볼 필요가 있다.

가을은 가을이다. 누구라도 가을이 사색의 계절임을 피하지 못한다. 상념의 세계를 즐기는 사색, 사색에 빠지어 그 늪에 함몰되면 고독(孤獨)해 질 수밖에 없다. 고독은 아름답고 값진 사색의 세계이다. 사람은 고독하니까 살 가치가 있는 존재라 했다. 러시아 유명한 시인 체호프는 "인간의 참된 행복은 고독 없이는 있을 수 없다."고 설파했다. 행복한 삶을 영위하기 위해서는 고독을 멀리할 수 없고 가까이 두고 즐기라는 지적이라 하겠다.

솔직히 말하자면 오늘의 세상을 보는 눈이 두렵긴 두렵다. 천둥번개가 몰아치는 장맛비 속에 검게 밀려오는 먹구름처럼 두렵고 무서운 게 현실이다. 하지만 '삶이란 다 그렇고 그런 게 아니더냐….'라는 세간의 말을 수긍할 수밖에 없다. 음지가 있으면 양지도 있다. 세상을 부정의 시각으로만 볼 필요가 없다. 내일은 항상 다가오고 있으며, 그 내일은 암흑이 아니라 희망의 서광일 수도 있는 것이다.

가을 숲 산책

 사계절 중 나에겐 유난히 가을이 마음에 와닿는다. 가을은 남자의 계절이라는 인식이 작용하고 있는지는 모르겠다. 그보다는 가을 날씨가 연일 청명한 탓도 있겠고 가을에 떠난 여인을 잊지 못해서 그렇기도 한 것 같다. 파란 하늘은 끝없이 맑고 푸르기만 하다. 하늘 곳곳 어디에다 마음을 심어두면 좋을까 생각해 보지만 티 없이 맑은 하늘엔 비집고 들어갈 조그만 틈도 보이지 않는다. 그저 날아가 안기고 싶은 마음만 굴뚝같으나 날개가 없어 날 수도 없고, 날아간들 하늘엔 나를 반겨줄만한 공간은 그 어디에도 없지 싶다.

 가을은 산책하기 가장 좋은 계절이 분명하다. 햇볕은 쨍쨍 따갑지만 기온이 적당하고 마주하는 바람도 시원하기 그지없다. 앞산의 둘레길 숲속에라도 깊숙이 들어가 안기면 온몸이 나무 향기와 바람에 흠뻑 젖어 금세 가뿐해짐을 느낀다. 소나무를 비롯하여 각종 나무에서 뿜어내는 피톤치드가 우리 몸의 전신을 정화시켜주기 때문이다. 숲길을 조용히 2-30분 걷고 상념에 잠겨보면 누구라도 기분이 상쾌해지고 몸도 훨씬 가벼워짐을 느낀다.
 흔히 의사들은 노인들이 건강하려면 걷기나 산책을 하라고 권한다.

걷기는 보통 하루에 만보를 걸으면 건강에 유익하다고 하지만, 무리하지 말고 6-7천보가 적당하다고 첨가한다. 걷기는 건강을 목표로 한 육체적 운동이기 때문에 매일매일 가급적 같은 시간대에 규칙적으로 실시해야 효과적이라고 강조한다. 그러나 산책은 육체적 운동이 아니라 정신적 운동이므로, 그때그때 정신적으로 필요하다고 느낄 때, 또한 자신이 명상이나 기도를 하고 싶다고 생각할 때, 산책하기에 적당한 장소를 선택하여 유유히 걸으면 된다고 한다.

산책이 노인들 건강에 특히 좋다는 것은 삼척동자(三尺童子)라도 다 아는 사실이다. 다만 산책을 어떻게 얼마만큼 어느 정도로 내 안의 마음속으로 즐길 수 있느냐가 문제이다. 물론 산책도 걷기운동의 효과를 얻기는 하지만 육체보다는 정신에 집중하는 운동이라는 점을 고려해야 한다. 산책을 하기 위해선 장소 선택이 아주 중요하다는 것을 간과해서는 안 된다. 무엇보다도 당사자와 가장 가깝고 편리한 거리에 자리한 숲속이 최선의 장소이다. 소나무 숲이나 대나무 숲이 좋다는 것은 익히 알려져 있는 사실이다.

산책은 자연과 일체(一體)가 되기 위한 소통(疏通)의 통로이다. 사람의 뇌를 자연의 숲속과 끊임없이 접목시키는 것은 뇌를 일시적이나마 깨끗하게 정화시킬 수 있다는 것이다. 산책은 누구와 같이 하기보다는 혼자 하는 것이 정석이고 그 효과도 십분 발휘할 수 있다고 한다. 내 자신이 숲속의 평온과 고요 속에 묻히어 나를 뒤돌아보고 나의 현재와 미래를 자연과 매치시켜 조용히 가늠해 보는 것이다. 쓸데없는 생각이나 엉뚱한 욕심의 발로가 아니라 진정한 명상 속에서 나를 다시 찾아보고, 자연의 힘을 얻어 새로운 각오를 다짐하는 자연속의 나를 찾아보는 것이다.

유유자적(悠悠自適)이라는 말이 있다. '속세에 속박됨이 없이 자기 하고 싶은 대로 마음 편히 지낸다.'는 말이다. 말 그대로 어떤 얽매임이나 걱정, 근심을 떨쳐낼 수 있는 환경을 만들어 무아의 경지로 자신을 인도해 보자는 것이 바로 산책의 진정한 의미라 하겠다. 가령 쾌적한 숲속의 벤치에 가만히 누워 눈을 감고 느긋하게 마음을 여유를 가지며 명상이나 기도의 단계로 들어가 보라는 것이다. 분명 자신만이 알 수 있는 긍정의 마인드를 만들 수 있는 계기가 된다는 것이다.

산책은 본질적으로 '삶의 질을 개선시켜주는 계기'가 될 수 있다. 우리가 살면서 때때로 행복감과 보람을 느끼기 위해선 산책이라는 테마가 반드시 필요하다는 것이다. 걷기운동은 그것대로 파워 워킹도 하면서, 산책이 필요하다는 생각이 들 때 틈나는 대로 산책을 해 보는 것은 나를 위한 일이요, 나의 바른 삶을 위한 상비약이라 하겠다. 이 험한 세상에 나만큼 소중한 사람도 없고 나만큼 행복한 사람도 없다는 것을 알게 될 것이다. 나는 귀중한 존재이다. 나를 사랑하고 예찬하며 살자…!!

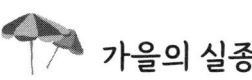 ## 가을의 실종

지난주만 해도 날씨는 여름같이 더웠다.
산책길엔 반팔에 반바지를 입은 사람들이 넘쳐났다.
가을을 알리는 코스모스에 이어 억새풀도 만발하여
계절의 변화를 알리고 있었으나
오히려 기온의 상승은 한여름을 방불할 만큼
늦더위가 더한층 기승을 부렸다.

산골 도랑물에는 계절을 잊은 가재들이 넘실댔고
세수하고 발을 닦아도
시원한 기분이 꼭 여름이나 마찬가지로 느껴졌다.

그러나 엊그제 일요일….
겨울 한파(寒波)가 기습적으로 우리 곁에 다가왔다.
가을다운 가을도 맛보기도 전에
예고 없이 갑자기 동장군(冬將軍)이 찾아온 셈이다.

서울 아침 기온이 64년 만에 가장 추운 온도(1.3도)를 기록하였고
체감 온도도 영하4.4도까지 내려갔다고 한다.
대관령 아침기온도 영하5도이었다고 하니
기온으로 봐선 초겨울이 맞긴 맞는 것 같다.

서울에서도 이른 새벽 첫 얼음이 얼었고
서리도 내린 것으로 밝혀졌으니….

모두가 몸도 마음도 함께 움츠러들 수밖에 없었다.

거리에는 사람들이 겨울옷 일색으로 변했다,

산자락 텃밭의 배추와 무는 다 자라기도 전에 서리를 맞았다.
배추가 몸 전체를 잔뜩 움츠린 채
'이젠 내가 더 자랄 수가 없다.'는 마지막 손짓을 하는 듯했다.
원래 첫서리를 맞는 배추를 얼른 뽑아 김장을 담그면
김치 맛이 일품이라는 옛말이 있고 사실 그렇다.

상처를 입은 가을 채소들이 잘 자랄지 두루 걱정이 앞선다.
그렇지 않아도 각종 물가가 고공 행진을 이어가고 있는데….
김장철이 오기도 전에
채소 값이 폭등할 것 같아 걱정된다.

어제는 나도 점심 약속에 두툼한 옷을 입고 나갔다.
올 가을은 정말 이쯤에서 사라지고 말 것인지….
그놈의 시베리아바람아…!!
지금 이곳에 대통령 하겠다는 사람들 모두 쓸어 가면 어떨까…?
시끄럽기만 하고 들어 볼 말이 하나도 없는 것 같다.
참신하고 더 똑똑한 사람들로 대체되었으면 싶다.

정치하는 사람들은 다 그렇고 그렇다고 한다.
우리들 국민 모두의 마음을 맑게 해줄…
그런 정치인은 정말 없는 것일까…?

폭설, 눈보라의 추억

추억은 아름답다 했다. 꼬리에 꼬리를 물고 이어지는 잊었던 추억을 떠올리면 그럴수록 한 송이 꽃처럼 지난 추억은 내 뇌리 속에서 뭉실뭉실 넘실댄다. 지난날의 그 무엇을 기억하고 있다는 것은 내가 살아있음을 알리는 존재의 증거이기도 하다. 만일 내가 옛일을 또렷하게 기억할 수 없다면 인간으로서의 살아있는 '존재의 가치'를 모두 잃은 것이나 다름없기 때문이다. 추억은 그렇게 기억하고 싶은 것이든, 잊어버리고 싶은 것이든, 내 과거의 삶을 되돌려보고 확인하는 시계추의 검증적 역할을 다하는 셈이다.

엊그제 오랜만에 함박눈이 한파와 함께 제법 펑펑 쏟아졌다. 대설(大雪12.7)이 지난 지 10여 일 만이다. 온통 사방이 흰색의 함박눈으로 뒤덮여 보일뿐 시계(視界)는 제로이었다. 은하수가 펑펑 쏟아지듯 굵은 눈발이 무겁게 온 대지를 짓눌러대는 모습은 그야말로 장관(壯觀)이었다. 잠시 멈춤도 없이 빗발치는 눈송이는 금세 아파트 앞산, 뒷산을 온통 백색의 설경(雪景)으로 만들어놓고는 나 몰라라 하는 듯했다. 이내 눈발이 잠시 멈추더니 휘몰아치는 힘찬 눈보라가 창문을 세차게 후려쳤다. 눈보라는 유별나게 차갑게 느껴졌지만 창문 안으로

들이치는 눈발은 왜인지 정겹기만 했다.

　눈이 오면 마음이 즐거워지는 게 우리네 보통 사람들의 심리이다. 어린이를 비롯해 강아지도 눈 내림과 발맞춰 껑충껑충 뛰어놀기를 좋아한다. 농촌에선 한겨울 눈이 많이 내려야 다가오는 농사철에 풍년을 맞이한다는 게 농부들의 전해오는 말이기도 하다. 설악산, 한라산, 태백산, 소백산 등의 설경은 4계절 중 가장 아름다워 환상적인 비경(祕境)을 연출한다. 특히 봄이 오는 소식과 함께 태백산 곳곳에 피어난 눈꽃의 우화한 모습은 평생에 한 번은 꼭 보아야 할 눈꽃의 향연임을 확실하게 실증하고도 남는다.

　그러나 눈이 폭설(暴雪)로 변하고 한파가 겹치면 아름답던 눈은 금세 자연재해로 돌변하고 만다. 마치 여름 장마철의 폭우, 강풍과 마찬가지로 큰 재난을 가져오는 것이다. 우리나라에도 연례행사처럼 눈이 많이 내리는 지역이 있다. 울릉도와 강원도 영동지방, 호남해안지역, 제주도 산간 지역은 폭설로 인한 피해를 매년 맞이하곤 한다. 실로 겨울 한철 눈이 많이 쌓인 산골 지역은 교통과 사람의 왕래가 두절되어 겨울나기가 어려울 정도이다. 이때 한파의 지속으로 눈 덮인 산에 몰아치는 눈보라와 함께 오지에 갇히게 된 산골 주민들의 일상이 며칠간 주요뉴스로 조명되기도 한다.

　나에게도 폭설과 눈보라에 대한 기억이 지금도 한(恨)으로 남아, 나의 머릿속에 생생하게 살아있는 추억들이 있다. 그 가운데 몇 가지를 들추어내 여기에 기술해 보고자 한다.

1. 지금으로부터 72년 전 6.25전쟁 시 중공군의 참전으로 서울이 다시 적군에 함락된 1.4후퇴의 때의 일이다. 내가 10살 초등학교 3학년 때이었다. 사실 전쟁이 무엇인지, 피난을 왜 가야 하는지도, 북한의 인민군이 누구인지도 잘 분별하지도 못한 그런 어린 시절의 이야기이이다. 하지만 1.4후퇴 당시 무작정 남쪽으로 떠난 피난민들은 한파와 폭설을 맞이했고 눈이 계속 내리는 엄동설한(嚴冬雪寒)을 극복해야만 했다.

내 고향 용문(양평군)을 떠나 여주 남한강을 건너 장호원, 청주를 거치어 음성의 어느 시골 마을에 한 농가의 문간방을 빌어 정착했다. 당시 기온은 영하2-30도를 오르내리는 추위가 몰아쳐 남한강이 꽁꽁 결빙되어 자동차도 그대로 건넜다. 눈이 계속 내리어 피난길도 얼고 눈보라가 계속 불어와 하루 종일 걸어도 20Km 이상을 걷지 못했다. 피난민이 너무 많아 길이 막힐 정도이었고 아픈 사람, 걷지 못하는 사람이 명을 다하고 길가에 버려지기도 했다.

그 시절에 겨울옷이라야 솜을 넣어 누빈 옷이 최고의 방한복이었다. 양말도 시원치 않고, 그 추위에 고무신이 방한이 될 리 만무했다. 당시의 눈이 내림은 원망의 대상이었고 그것이 폭설로 앞이 안 보일 땐 앞으로 갈 수도 멈출 수도 없는 그런 피난길이 되고 말았다. 주먹밥을 해가지고 간 것은 금세 동이 났고 밥을 지어먹을 수가 없었다. 용케 거지가 되어 밥 한 그릇 얻으면 엄마, 형수, 누이 둘, 나 다섯이서 나누어 먹던 모습이 지금도 서글픈 감정에 휩싸여 눈에 생생하게 떠오른다.

Ⅲ. 오늘의 지혜로운 일상

2. 군 제대 후 대학 3학년에 복학한 그해 1964년 겨울 이야기이다. 친구들 몇이서 겨울 산 등산을 가자고 북한산에 올랐다. 그때만 해도 지금보다는 겨울철에 한파와 폭설이 훨씬 잦았다. 그날따라 날씨는 조금 흐렸지만 눈이 많이 올 것 같지는 않았다. 정상에 올라 간단히 점심을 라면(산에서 코펠 사용가능)으로 때우고 하산하는 중 갑자기 서쪽의 시커먼 먹구름과 함께 세찬 함박눈이 내리기 시작했다. 눈은 삽시간에 쌓이는 눈으로 돌변했다.

보리밥 먹기도 어려웠던 그 시절에 등산복, 등산화, 장갑 등도 없고 부실했다. 군화가 최고의 등산화이고 미군이 입던 파카, 군복을 검정색으로 물들여 입는 것이 가장 좋은 등산장비였다. 등산이란 것도 일종의 사치라면 사치에 속했던 그런 시절이었다.

3-40분 내려왔을 때 등산로 앞길이 잘 안 보이기 시작했다. 앞장서 가는 친구가 길을 잘못 들어서서 그렇기도 했겠지만 내려가는 길이 아니고, 옆으로 가는 둘레길을 한참 가다 내려가는 길을 잃고 말았다. 대학생들이었지만 눈이 계속 쏟아지는 상황에서 서로서로 얼굴을 쳐다보며 겁이 나는 분위기였다. 등산을 많이 다닌 한 친구의 안내로 길을 찾아 2-30분 헤매다 넓은 길이 보이는 산 아래쪽에 도달했다. 천만다행이다 싶어 서로가 서로를 위로하면서 입구 대폿집에서 막걸리를 한잔하던 기억이 지금도 아련하다.

3. 1993-96년 동안 러시아의 극동·시베리아 지역 중심 도시 하바롭스크시에 거주했던 나의 추억이다. 누구나 시베리아에서 겨울을 살아본 사람은 시베리아라는 말만 들어도 극한의 추위가 연상되어 몸

이 자신도 모르게 움츠러든다. 하바롭스크 지역의 겨울기온은 대략 영하30도를 오르내린다. 10월부터 시작된 겨울은 다음해 5월이 되어야 끝난다. 눈도 겨우내 쉬지 않고 내린다. 시에서 겨울에 하는 일은 도시에 쌓이는 눈을 매일매일 쉴 사이 없이 치우는 일이다. 시베리아의 눈보라는 마주할 수도 없고 마주하기도 겁날 만큼 살을 에는 어름바람이다. 밤에는 아무리 방한을 철저히 하고 밖에 나가도 10분 이상을 견딜 수 없는 맹추위가 지속된다.

시베리아 지역에는 눈이 매일 오다시피 한다. 매일 눈이 내리니 겨울눈이 가장 싫은 지겨운 존재로 남게 된다. 하바롭스크 시에서 살고 있는 사람은 겨우내 눈 속에서 눈과 함께 살고 있는 삶이라고 보아야 한다. 사실 한겨울 하바롭스크 시에 있다가 서울에 오는 경우, 서울은 한마디로 '천국(天國)'에 온 것이나 다름없는 느낌을 갖는다. 왜냐하면 서울에서의 겨울은 눈에 대한 원망, 폭설에 대한 두려움, 극한에 대한 고통 등으로부터의 완전히 해방된 것이나 다름없기 때문이다.

이상의 3가지 폭설과 눈보라에 대한 추억은 '고생 끝에 낙(樂)'이라는 말처럼 내 기억 속에 각인(刻印)되어 있음을 느낀다. 어떻게 보면 이렇게 갈무리 되어있는 고난의 역정들이 내 삶의 밑거름이자 삶을 이어가고 한 단계 더 도약(跳躍)할 수 있는 버팀목이 되기도 한다. 고난이나 고통은 우리들의 삶을 중단 또는 좌절시킬 수도 있지만 오히려 목표에 일찍 도달하거나 성공의 지름길을 안내해주는 자양분이 되기도 한다.

고난의 역정이 없는 삶은 겨우내 쌓였든 눈이 어느 봄날 녹아 없어

지듯 종말을 고하기 쉽다. 고난의 대못을 가슴속에 안고 이겨내며 그 대못 둘레에 굳은살을 붙이어 대못을 간직한 채, 이를 내 삶의 일부로 만드는 슬기로운 지혜가 필요하다. 지금 나의 삶은 그 몇 개의 대못을 삶의 지표로 간직한 채 내일을 맞이하고 있음을 실감한다.

매일매일 집 안 청소

우리 집에서 청소는 내 담당이 된 지 오래이다. 청소는 아내가 제일 싫어하는 가사일이라고 하기에…. 오래전에 자연히 내게로 이관되어 온 분야로 내가 기꺼이 마음먹고 실행하고 있는 게 집 안 청소이다. 코드제로 청소기와 물걸레를 하루걸러 번갈아가며 좋건 싫건, 청소는 내가 할 수밖에 없는 일로 정착되었다.

지난해부터 2-3일에 한 번 하던 것을 올봄부터 매일 나 혼자서 하루도 거르지 않고 한다. 아내는 나의 청소하는 모습을 보고는 내 등 뒤에서 '신통방통하다'는 일갈을 던지는 듯 느껴진다.

나의 청소 전담이 좋은 일일까…? 나쁜 일인지…? 그건 나쁜 일은 아니고 좋은 일인지 싶다. 아무튼 내겐 일거양득(一擧兩得)의 이익을 주고 있음은 사실이기 때문이다. 무엇보다도 집안 청소는 나의 건강을 위한 운동이다. 또한 아내와의 화목(和睦)을 위해서도, 또한 아내를 위해서도, 권장할 만한 나의 덕목이기도 하다.

집 안 청소는 아침식사 30분 후 2-30분 정도 한다. 2일은 청소기로, 하루는 물걸레로 청소를 한다. 아내가 하는 것보다는 나의 방식이 대충이라는 아내의 지적에 동의한다. 구석구석이라든가 반복해서 깨끗하게 말끔하게 하지 못하기 때문이다. 그러나 매일 하는 청소이다 보니 집 안이 전보다 한결 깨끗하고 정돈이 잘 되어있다. 특히 곳곳에 도사리던 먼지가 없다는 점에서 상쾌한 기분을 준다.

식후 2-30분 청소하기는 나의 성인병 예방에도 효과적인 운동이다. 운동의 양도 적당하고 노인 운동으로서도 적합한 것 같다. 청소를 마치고 나면 날아갈 듯 기분이 좋다. 책상에 앉아 글을 쓰다보면 머리도 맑은 정신으로 전환되고 글도 의도한 대로 술술 잘 써지는 편인 것 같다. '누이 좋고 매부도 좋다'는 말대로 아내도 좋아하고 나도 기쁜 마음이다.

청소하는 것도 습관이다. 몸에 익숙해져야 하고 자꾸 반복하다 보면 청소의 테크닉 수준도 는다. 청소를 전담하다보니 청소 도구를 관리하는 일도 중요하다. 주기적으로 청소기를 분해하여 닦고 말리고, 기름칠을 반복한다. 그래야 청소기가 고장 안 나고 오래도록 사용할 수 있다. 걸레를 깨끗이 빨고 건조해서 보관하는 것도 내 일이며 잘 하려고 노력한다.

행복은 그렇게 먼 곳에 있는 것이 아니라는 사실을…. 어느 철학자의 말에 100% 동의한다. 늘 찾아보고 살펴보면 행복은 아주 내 가까이 있기도 하다. 아무것도 아닌 것 같아도 열심히 노력하다보면 행복으로 변하고 전환된다. 누가 시켜서 하는 게 아니라 내 스스로 일거리를 찾아서 실시해야 한다. 누구 눈치 안 보고 내 마음 내가 추스르면서 나를 기쁘게 하면 된다. 이것이 인생이고, 보람이라면 그렇기도 한 것 같다.

아내는 내 인생의 동반자이며 영원한 반려자이다. 흔히 아내는 '제2의 어머니' 또는 '나의 간호사'라고들 말한다. 남은 인생 나에게 어머니, 간호사 같은 사람은 아내밖에 없다. 자식도 친구도 그렇게 될 수는 없고 되기도 어렵다. 오늘도, 내일도 아내를 위한 길은…? 또 둘러보고, 다시 찾아보고 스스로 나서서 실천하도록 하자…!!

겨울나기의 지혜

요 며칠 날씨가 영하로 내려가면서 나 자신을 주의 깊게 둘러보게 된다. 내 나이 80이 넘고부터 겨울을 맞이하는 내 마음가짐이 그렇게 변한 것 같다. 혹시 올겨울 내 주변에 예사롭지 않은 일이라도 일어나면 어떻게 하나…? 괜한 쓸데없는 걱정을 하게 된다. 돌연 무엇인가 나에게 먹구름이라도 금세 다가올 것 같은 불길한 예감이 앞서기도 한다. 문득 '불안'의 검은 그림자가 내 뇌리를 스쳐지나가는 것을 피하지 못한다. 나만 그런 것은 아닐까…? 아니면 내 나이 또래의 노인들은 대부분 그런 생각을 갖고 겨울을 나는지 모르겠다.

겨울은 왜인지 보기에도, 느끼기에도 음산한 계절이다. 오늘따라 겨울비가 나리더니 더더욱 마음은 가라앉고 침울한 기분에 젖어들고 만다. 이런 땐 함박눈이라도 펑펑 쏟아지기라도 하면 하얀 눈 속에 마음 실려 불안한 머릿속이 금세 말끔히 씻길 것만 같기는 하다. 하루 종일 햇빛을 전혀 보지 못했으니 저녁때가 되어 우울감은 더더욱 보태짐을 느낀다. 가까운 친구라도 만나 녹두 빈대떡에 걸쭉한 막걸리라도 한잔 걸치면 가라앉은 기분이 어느새 날아가는 새처럼 솟아날 수 있으련만…. 그렇지 못해 아쉽기만 한 마음 금할 길 없어 이리저리 헤매고 만다.

 그러면 오늘 내게 드리운 불안의 그림자는 무엇일까…? 우선 겨울 들어 야외 활동이 적어지고 햇볕을 덜 쬐다보니, 그렇지 않아도 잠이 적은 노인으로선 밤잠을 설치는 경우가 자주 있게 된다. 노인이 잠이 온전치 못하면 몸의 전반적인 균형이 깨지고 면역력도 저하된다. 원래 약해져 고통받던 호흡기 질환이 감기, 기관지염과 함께 악화되는 악순환을 겪을 수도 있다. 만성질환으로 약을 먹고 있는 '고혈압 질환이 갑자기 심해져 뇌졸중을 유발하지 않을까…?'라는 염려도 심하게 다가온다.

 요즘은 엎친 데 덮친 격으로 코로나 사태의 악화가 우리 모두의 마음을 더욱 옥죄고 있음을 경험한다. 정말 코로나가 전국적으로 번져 기승을 부리고 내 주변에도 다가와 있는데…. 나 자신, 내 가족에 대한 불안감이 하늘을 찌르고 있다. 그럼에도 불구하고, 정부는 어떻게 대처하고 있는 것인지, 그저 손놓고 있는 것으로 보이고 있어 놀라울 뿐이다. 코로나 사태 이후 항상 하는 말이 각자도생(各自圖生)에 최선을 다함이 바로 나를 살리는 길인지 싶다.

 겨울엔 나도 모르게 건강 염려증의 덫에 걸리는 악순환이 도래한다. 자신이 건강하면서도 자신의 건강을 염려한다는 모순의 반복이다. 나는 금년 건강 보험 공단에서 실시한 건강 검진에서 모두 양호한 판정을 받았다. 담당 의사의 말인즉 "아버님은 나이에 비해서 외모로 보기보다는 훨씬 건강한 편입니다. 건강상 아무런 문제가 없습니다."라고 잘라 말해주었다. 그러나 그 좋은 기분은 며칠 가지 못하고 도루

묵이 되어 버리고 말았다. 어느 날 가래가 좀 끓어도 덜컥 겁이 나고, 기침이 한두 번 나도 염려가 생기며 소화가 좀 안 되어도, 잠을 좀 설쳐도, 걱정이 걱정의 꼬리를 물고 구름처럼 몰려오기도 한다.

이렇게 내 마음에 낀 병마(病魔)의 먼지를 훌훌 털어버리기 위해서는 아파트 뒷산 산책길을 걷는 게 제일 좋은 방법이다. 오랫동안 나의 마음의 정화작업으로, 정신적 건강을 위해 터득한 손쉬운 방법으로 '숲속의 산책'이 자리 잡고 있다. 우거진 소나무 숲을 거닐면 머리를 맑게 해주는 나무의 피톤치드가 풍성하여 기분이 상쾌해짐을 느낀다. 낙엽이 겹겹이 쌓인 둘레길에는 이름 모를 새들이 지저귀는 새소리와 숲을 가로지르는 바람 소리가 어우러져 살갑고 정답게 내 마음을 위로해 준다. 산책 후 우울했던 나의 감정은 나도 모르게 사라지고 이내 내 마음이 안정모드를 맞는다.

겨울은 긴긴밤이다. 어떻게 보면 겨울은 노인에겐 긴 방학이나 마찬가지이다. 내주 중반에 동짓날이 다가오니 지금 가장 긴 밤의 나날을 보내고 있는 셈이다. 밤 시간은 길고, 인기 있는 스포츠 중계도 별반 없고, TV프로도 재미있는 것이 없다. 친구들과의 모임이 거의 없다시피 하니 남아도는 시간의 공간이 너무 넓고 많다. 침체된 마음에 멍하니 앉아있는 시간이 길어지고, TV채널을 돌려대며 쓸데없는 프로나 보고, 아내와 아무런 이유 없이 대립각을 세우기도 한다. 겨울나기의 무료한 시간을 공허하고 무의미하게 보내고 있다는 내 자신의 마음가짐에 아니라고 부정하지 못한다.

모든 생물체는 모두 엄동설한(嚴冬雪寒)을 무사히 보내기 위해 철저한 겨울 준비를 갖춘다. 동물이나 식물이나 극한(極寒)의 위기를 이겨내지 못하고 생(生)의 종말을 맞이하는 경우가 흔하기 때문이다. 인간은 만물의 영장이라고 하지만 나약한 노인들은 동장군(冬將軍)의 노여움에 그만 허술하고 허약하기 그지없다. 노인들이 여름의 삼복더위와 겨울의 강추위를 끝내 이겨내지 못하고 하늘나라로 떠나는 사람들이 의외로 많다. 운명이라고들 하지만 대비를 잘못한 결과이기도 하다. 나라고 예외가 될 수 없으니, 내가 안고 있는 집 안 난방, 외출복, 약복용, 낙상 등 주의해야 할 과제가 많다는 점에 유의하여야 한다.

그놈의 코로나 바이러스는 영하의 날씨를 더 좋아한다니 걱정이다. 올 겨울도 코로나와의 싸움이 앞으로 더 치열해질 것만 같다. '코로나와의 함께'라는 슬로건은 이제 물 건너간 것 같고 또다시 암담한 '집콕'만이 기다리고 있다. 어떻게 이 기나긴 겨울에 기승을 더 부릴 바이러스와의 싸움에서 승자가 되어 슬기롭게 살아갈 수 있을까…? 내 나름대로 나를 위한, 겨울나기의 집콕을 위한 지혜로운 대안을 마련하고 상기해보자.

* 스트레칭, 단전 호흡, 걷기, 집 안 청소, 글쓰기 등 하루일과를 철저히 지키자.
* 친구 21명, 1주일 분량을 엄선하여, 하루에 최소 세 친구에게 전화를 반드시 걸자.
* 좋아할 수 있는 트로트 2곡을 선별하여 익숙해질 때까지 배우고 부르자.

* 작업하다 중지한 소설쓰기를 다시 시작해보자.
* 무료한 시간에 어학 공부를 다시해서 머릿속을 맑게 하는 데 기여하자.

노포(老鋪) 음식점의 실상

우리나라의 간장, 된장, 고추장 등 장맛은 음식 맛의 여부를 좌우하는 핵심 요소로 작용한다. 맛을 자랑하는 유명한 음식점일수록 간장, 된장, 고추장은 그 집 안주인이 직접 담그고 대부분 땅속 동굴에 오랫동안 숙성시키어 고유한 맛을 낸다고 한다. 마치 그 옛날 대가 집 맏며느리의 장 담그기 솜씨의 재능이 그 집안의 평온을 가늠했다는 말과 일맥상통한다. 지금도 시골 마을에선 어느 집안이건 장맛이 집안의 대소사에 큰 역할을 해오고 있으며, 장맛이 최고라는 그 집의 항아리 둥지는 보물처럼 애지중지(愛之重之) 보호되는 전통을 유지하고 있음을 본다.

이름난 노포음식점은 독특하고 고유한 맛을 자랑한다. 맛이 덜한 음식점은 노포가 될 수도 없으며 생존 경쟁에서 사라지고 만다. 음식이란 유별나고 가늠하기 어려운 맛을 지니고 있다. 똑같은 재료를 가지고 동일한 조건에서 여러 셰프(요리사)가 동시에 음식을 만들어도 각기 맛이 더하고 덜함의 차이를 분명하게 나타낸다. 특별한 음식 맛을 내는 유명한 셰프의 맛을 따라 하려고 아무리 노력을 해도 동일한 맛을 똑같이 재현할 수 없는 것이 음식 맛이라는 지적에 대부분 동의

한다. 어느 셰프가 극명하고 맛깔스럽게, 고급스럽고 유별하게 음식 맛을 내고 있다면, 그 사람은 셰프로서의 타고난 고유한 DNA를 소유하고 있는 것이다.

노포 음식점이 특별한 맛과 품위를 지키며, 그의 유명세를 지속하고 있는 데는 여러 가지 요인이 있다. 우리들 주변에서 유명한 노포로 평가받고 있는 음식점의 조건을 보면 첫째, 어느 노포이든 주인과 종업원의 서비스 정신은 변함없이 혼연일체(渾然一體)가 되어 손님을 주인처럼 모신다는 것이다. 둘째, 고유한 음식 맛을 유지하기 위해 특단의 기술 보호와 함께 새로운 세대가 갖는 음식 맛의 선호도를 감안하여, 창의력과 도전정신으로 꾸준히 맛의 품질 개선과 새로운 메뉴 개발에 진력한다는 것이다. 셋째, 주인은 음식점의 경영 철학으로 모든 손님에게 '어떤 음식을 팔 것인가…?'라는 문제보다 '손님에게 어떠한 서비스로 임할 것인가…'에 역점을 더 둔다는 것이다.

노포 식당의 한 예를 들어보자. 서울 을지로에 위치한 유명한 '을지면옥'의 이야기이다. 나는 냉면과 제육을 먹기 위해 4-50년에 걸쳐 을지면옥을 계속 다녔다. 을지면옥은 처음 갔을 때나 지금이나 그 집이 바로 그 집일 정도로 음식점 내외부의 변화가 없다. 음식 맛도, 메뉴의 종류도 그대로이고 서비스의 질도 언제나 다름없이 친절하다. 다만 세월 따라 음식 값이 오른 것과 종업원이 바뀌고 화장실이 깨끗해진 것 외에는 변화를 못 느낀다. 손님들 중 점차 젊은 사람이 줄어들고 이제는 북한 출신 중년부인이 주류를 이루고 있음을 본다.

서울 장안의 내로라하는 유명한 냉면집은 거의가 노포이다. 6.25사변 후 북한에서 내려온 피난민이 먹고살기 위해 차린 음식점이지만 서울 곳곳에 자리를 잡고 노포로서의 빛을 내고 그 가치를 유지하고 있다. 을지로에 국한해 보면, '을지면옥'을 비롯해 '필동면옥', '평양냉면', '우래옥' 등이 평양냉면의 믿음직한 성지를 이루고 있다. 이들 식당의 냉면은 초기 북한 실향민들의 애환을 담고 있었으나 빠르게 한식 중의 한식으로 확고한 자리를 잡았다. 지금은 냉면이란 음식이 세계 속의 한식으로서의 위상도 당차게 확보하고 있음을 본다.

노포의 또 다른 한 예이다. 분당 신도시의 입주가 시작된 시기는 1990년이다. 그러니까 지금으로부터 30년이 지난 셈이다. 아파트 입주가 시작되면 으레 상가도 동시에 영업을 하게 된다. 여기저기 상가 건물이 들어서며, 무엇보다도 먼저 부동산과 음식점 개업이 활기를 띠운다. 그때 영업을 시작한 음식점이 지금까지 한 곳에 그 옛날 그대로 변함없이 그 맛을 유지하며 영업을 계속하고 있는 곳은 몇 안 된다. 그만큼 음식점이라는 영업이 사업성을 유지하기가 어렵거니와 특히 노포로서의 명성을 얻고 지속하기는 더 어려운 게 사실이다.

내가 기억하고 있고 지금도 식사하러 다니는 분당의 노포 음식점으로 3곳을 들 수 있다. 먼저 서현역의 작은 규모의 청국장 집이다. 맛의 변화가 전혀 없고 저렴하니까 분위기도 그대로이고 사람들이 북적대어 참맛을 느낄 수 있다. 돼지고기 볶음에다 청국장을 먹는 맛은 그야말로 일품 중의 그 맛이다. 다음으로 야탑역의 전주콩나물국밥집이다. 노포로서의 맛을 자랑할 수 있고 분위기도 깨끗하고 좋다. 국밥의 시원한 맛은 그 어느 곳에 비할 바가 아니고, 특히 이곳의 대구탕도 예나 지금이나 맛이 일품이다. 항상 같은 메뉴를 고집하고 저렴한 편이다. 셋째가 야탑역 차병원 근처의 설렁탕 전문점 '감미옥'이다. 홀 안이 넓어 자리가 편안하게 설치되어 있다. 설렁탕 국물이 어느 곳보다 진국이고 탕 속의 수육 맛도 고급에 속하고 변함이 없다.

 노포 음식점은 그들 나름대로의 전통이 있다. 대를 물리어 노포로서의 모든 장점이 그대로 전수되고 유지되는 것이다. 아무리 음식점이 번창하고 손님이 많아도 주인이 바뀌면 그 전통의 모든 내용이 그대로 유지, 지속되기가 힘들다는 것이다. 음식의 맛과 품질, 서비스의 수준은 그만큼 까다로운 부분이 있어 대를 이어 오랫동안 전수가 되지 않고는 전통이 유지되기 어렵다는 것이다.
 맛을 보는 기술은 그 사람의 타고난 재능이라고도 한다. 그러나 음식 맛을 가늠하는 평가의 척도(尺度)는 너무 간사할 정도로 예민하다. 똑같은 음식이라도 맛을 보는 사람의 컨디션, 장소의 분위기, 계절에 따라서 확연히 달라질 수 있다고 한다. 우리가 어쩌다 유명한 노포 음식점을 가서 식사를 한 다음 맛이 없다거나 품질이 떨어졌다고 종종 느끼는 경우가 있는데, 이는 나의 컨디션이 문제일 수 있고 누구와 같이 식사를 하느냐에 달려있을 수 있다는 것이다.

 요즘 코로나 팬데믹의 장기화로 일본과 유럽 등 세계도처에서 100년 200년 된 노포들이 영업위기를 견디지 못하고 폐업을 하는 사태로 몰리고 있다고 한다. 한국도 예외일 수 없어 코로나 사태로 노포들이 폐업으로 내몰리는 위기를 맞고 있다고 한다. 나의 추억이 깃들어 있는 노포 음식점은 이 엄중한 코로나 위기를 슬기롭게 극복해 주기를 기원한다. 이젠 다른 음식점 가지 말고 내가 다니던 노포를 찾아 한 번이라도 더 가서 식사를 해야 하겠다. 노포가 문을 안 닫는 일에 조금이라도 기여했으면 하는 게 나의 기도하는 마음이다.

물가 폭등에 대한 마음가짐

　부동산 폭등에다 세금 폭등에 이어 물가 폭등이 심상치 않다. 물가 폭등은 집값이나 세금과는 달리 당장 서민의 발목을 옥죄이는 굵은 쇠사슬이나 마찬가지이다. 내 발목도 어김없이 가파른 물가 폭등에 꿰매어 있으니 당장 고통스러워 이르는 말이다.

　동네마트에서 각종 생필품을 직접 구입해보니 쌀부터 각종 야채, 계란, 육류, 생선 등 식료품이 안 오른 게 없다. 엎친 데 덮친 격으로 원자재, 원유, 곡물 등 수입물가도 전에 없이 폭등세를 보이어 수입 원자재로 만든 빵, 라면, 과자 등도 연달아 오르고 있다. 한마디로 '물가 대란'이 휘몰아쳐 서민들의 일상을 괴롭히고 있는 것이다.

　코로나 사태 와중에다 선거를 앞두고 정부가 시중에 돈을 그렇게 많이 풀었으니 부동산 대란과 함께 고도의 인플레 상황이 엄습하고 있는 것이다. 연이어 각종 물가가 쉴 새 없이 오르는 것은 당연한 이치이다.

　제일 큰 문제는 물가 상승에 대한 정부의 안이한 태도이고 더 큰 문제는 무대책이나 다름없이 마치 남의 일을 대하듯이 이 정부 인사들의 무관심과 고루하고 안이한 대응책이다.

사실 물가인상은 오래전부터 예상되어온 것이다. 하늘에서 뚝 떨어진 현상도 아니다. 자본주의 시장에서 돈을 풀면 시장원리대로 움직인다. 돈을 풀 때마다 상품가치는 올라가게 마련이다. 누가 뭐라 해도 우리나라 시장 경제는 이제 '풍전등화(風前燈火)'나 난파선과 마찬가지라는 지적이 맞지 싶다.

각자도생(各自圖生)할 수도 없는 게 물가의 세상이다. 주유소 이곳저곳에서 요수소를 사려고 줄을 서고 있는 서글픈 모습들…. 정부가 배급제를 못할 정도로 물자 부족을 겪고 있으면서도 책임을 묻는 사람이 없고, 책임을 지겠다고 나서는 사람도 없다. 유가상승, 국제 곡물 가격을 우리가 막을 재주는 없다. 그러나 미리미리 대비하여 피해를 최소화할 수는 있는 것이다.

우리나라 경제사정이 심상치 않음이 현실이다. 제2의 IMF사태라도 오는 것인지…? 그렇지는 않기를 바라지만 더 어둡다면 어떻게 할지…? 나부터 언제나 그렇게 살았지만, 미약한 개인으로선, 절약하고 검소하게 사는 수밖에 없지 않은가…!!

Ⅲ. 오늘의 지혜로운 일상

부동산 투기의 폐해

자본주의의 꽃은 주식이라고 한다. 주식 투자(기업가치투자)를 하면 큰돈을 벌수 있다는 뜻이기도 하다. 그런데 세상을 살아보니 우리나라 자본주의의 꽃은 아무래도 주식이 아니라 부동산이 아닌가 싶다. 내 주변사람들이 못나서 그런지, 주식을 해서 떼돈을 벌었다는 사람은 보지 못했어도 부동산을 잘 굴려서 부자가 된 사람은 여럿 보고 산다. 그러니까 우리나라에서 일반 개인이 돈이나 자산을 불리기 원한다면 주식보다는 부동산이 훨씬 용이하고, 기대가능성도 크다는 것이다.

작년부터 시작된 우리나라의 부동산 폭등의 현상을 놓고 보자. 10억짜리 아파트가 1년 만에 20억이 되는 기현상이 전국적으로 확산되어 정착되고 있는 꼴을 본다. 그 이유는 무엇이고 왜일까…? 부동산 전문가도 이랬다저랬다 말 바꾸기의 선수처럼 왜 꼼수를 부리는 말을 일삼고 있을까…? 그들이 부동산 투기의 중심에 서있기 때문일 것이다. 당국자도 투기자도, 방관자도, 영끌 구매자도, 모두가 부동산에 얽매어 출로를 찾지 못하고 헤매고 있다.

혹자는 자기 소유의 아파트 가격 폭등에 따라 놀랄 만한 이득을 보자 희희낙락하는 반면, 그 대열에 끼지 못한 방관자나 낙후자는 울분을 참지 못해 배가 아파 몹시 억울해한다. 이러한 별난 작태는 모두가 서로 보기 흉측한 모습이라 하겠다. 사실 세 들어 살다 집 마련의 기회를 잃고 전셋값마저 천정부지로 솟아 셋집을 옮기는 것도 불가능해진 세입자는 실망과 자책감에 멍들고 있다. 아무리 좋은 임대차 3법도 전세나 사글세 값을 안정화시키는 데는 아무런 역할과 도움을 주지 못하고 있다.

국내에서 주식을 전문적으로 하다 패가망신(敗家亡身)한 사람은 여럿 보았다. 증권회사에 다니는 사람들도 주식에 빠지면 집 팔고 셋집으로 쫓겨나기 일쑤이다. 내 아는 친구는 80년대에 주식의 대가(大家)라고 이름을 날려 주식해설방송에도 자주 나오곤 했는데 어느 날 자기 소유 빌딩을 처분하고 빈털터리가 되었다고 전해 들었다. 아내가 친구들에게 "제발 우리 아빠 주식하는 것 좀 말려주세요."라고 하소연하는 것을 듣고, 친구들이 누차 조언했으나 소용이 없었다.

그러나 우리나라 경제의 고도 성장기부터 부동산에 눈을 뜬 친구는 부동산 부자가 된 친구들이 많다. 직장보다는 부동산에 올인하면서, 주말에 똘똘한 부동산 찾기에 나서 이를 '팔고 사고'를 되풀이하여 큰 이익을 보는 방식이었다. 집이 한두 채 더 늘어나고 알짜 땅, 상가 등에 투자하여 부동산 붐을 올라타는 실물 부동산 투기꾼이 된 것이다. 그 여력으로 노후에도 자식들에게 부를 물려줄 수 있는 여유를 갖고 사는 친구들을 흔히 본다.

부동산이 폭등하는 것은 나라 경제에도 마이너스 요인이다. 우리나라 일반 대다수의 국민도 부동산의 폭등을 바라지 않는다. 그럼에도 불구하고 왜 이렇게 부동산이 폭등하고 과열된 현상을 보이는 것일까…? 자본주의 경제하에서 경제발전과 더불어 부동산 가치가 오르는 것은 자연적인 현상이라 하겠다. 그러나 지난해부터 우리나라에 광풍이 불기 시작된 부동산 폭등은 일찍이 그 유례를 찾아보기 힘든 현상이라 하겠다. 전문가는 아니지만 일반 시민의 입장에서 그 주된 원인을 살펴보기로 하자.

첫째, 정부의 부동산 정책이 효과적이지 못했다는 것이다. 부동산 버블이 시작된 이래 현 정부는 총 24회의 부동산 규제 정책을 실시해 왔다. 그 모든 정책들이 무분별한 규제일변도의 개입 정책으로 일관하여, 부동산 가격 앙등을 방지하기보다는 오히려 시장의 혼란만을 초래, 가격 인상의 도미노 현상을 가져오고 말았다. 국민은 정부정책을 믿지 못하고 부동산 가격은 나날이 오르고 있는 상황하에서 서민은 빚내서라도 집을 사야 한다는 풍조가 만연하여 20-30세대까지 부동산에 대한 영끌 매입이 난무하고 있는 실정이다.

둘째, 부동산 투기 세력의 부동산 매물 싹쓸이가 성행하고 있다는 사실이다. 이들은 부동산 시장의 열기를 예상하고 조장하며 투기 붐을 이룰 수 있는 아파트 지역을 선정, 모든 매물을 매점매석한다. 사들인 아파트 값에 일정한 금액을 첨가하여 되파는 행위를 반복한다. 여기에는 돈 있는 자본가와 부동산 전문가, 공인 중개사들이 공모, 합세하여 한 팀을 이루곤 일정한 지역의 부동산 매매를 끝내고 다른 지역으로 계속 이동하는 투기 공세를 펼친다. 이에 질세라 시세차익을 목적으로 한 일반 갭 투자자들도 여기에 가세하여 부동산 폭등을 촉진시키고 있다.

셋째, 온 국민이 전국적인 부동산 시장 붐에 부화뇌동(附和雷同)하고 있다는 점이다. 사실 누구라도, 가진 자이건 못 가진 자이건 부동산시장의 가열화에 자유롭지 못하다. 집이란 우리국민에겐 특별한 의미를 갖는다. 인구는 많고 국토가 좁은 이 나라에서 수요에 비해 공급이 부족한 대도시, 서울의 집은 희소가치가 매우 높은 안전한 재산의 역할을 한다. 적어도 서울 요지에 똘똘한 아파트 한 채는 가져야 한다는 이른바 숙명적인 게임은 부동산시장의 열기를 계속 달구고 있는 것이다.

문제는 우리나라 정치인들은 여당이나 야당을 불문하고 부동산 투자도, 발 빠른 투기에도 전문가 뺨치는 명수(名手)라는 점이다. 국영기업, 공무원 인사들도 마찬가지이다. 물론 정치를 하려면 돈이 있어야 한다. 정치인들이 일거에 떼돈을 모으려면 부동산만큼 좋은 호재는 없어 그 유혹을 물리치기는 힘들 것이다. 그러나 일말의 양심도 윤리도 없는 정치인들의 부동산 투기, 부동산 부정행위 등은 배척되어야 할 사안이다. 부동산 투기의 전문 꾼인 정치인들이 남의 부동산 투기에 막말을 퍼붓는 '내로남불'식의 일그러진 부동산 작태(作態)를 보이지 않았으면 하는 게 우리 선량한 국민들의 소망이다.

IV.
건강한 삶과 가족

잡초처럼 살아가는 길

텃밭농사를 지어 본 사람은 잡초의 끈질긴 생명력에 관해 잘 안다. 무성한 잡초를 제거하는 작업이 얼마나 힘든지, 또한 잡초가 얼마나 빨리 밭의 빈곳을 다시 차지하는지, 농부라면 익히 알고 있는 상식이기도 하다. 더욱이 농사를 잘 지으려면 잡초와의 전쟁(戰爭)이 불가피한 반면, 잡초와의 친숙도(親熟度)도 긴밀해야 한다는 사실도 잘 터득하고 있다. 농사에 익숙한 어느 고향친구 왈, "야…!! 잡초는 월래 뽑고 돌아서면 다시 돋아나 있다."고 말하듯이, 한여름의 잡초는 울타리의 애호박이 쑥쑥 자라듯 농사꾼의 눈에는 자라는 게 훤히 보인다는 말이 사실인지 싶다.

나훈아의 '잡초'라는 트로트 노래가 있다. 그의 히트곡이기도 하지만 노래가사가 가슴에 와닿기도 하여, 내가 가끔 즐겨 부르는 노래이기도 하다. 이 노래 가사 중에 이런 말이 있다. '아무도 찾지 않는 바람 부는 언덕에 이름 모를 잡초야…. 이것저것 아무것도 없는 잡초라네….'라는 어구는 잡초의 초라한 영상을 애달프게 묘사하고 있다. 그 많은 풀 가운데 이것저것 이름 없는 풀이 잡초라는 이야기이다. 물론 온갖 잡초에 이름이 붙어있지 않아 그렇기도 하겠지만, 잡초의 특성이 억세고 독성이 심한 데다 사람의 식용으론 적합지 않아 이름을 붙이지 않아 그런 것이라 하겠다.

그러나 들과 산에 이러한 잡초가 없다면 지구상의 온갖 생태계는 유지될 수 없을 것이다. 잡초는 그처럼 동식물 생존의 기본인 흙을 보존하는 매개체이며 보루(堡壘)이다. 잡초가 없다면 흙은 지상의 흙으로서의 보존과 자양분을 유지할 수가 없다는 지적이 당연하다. 우리는 늘 잡초를 솎아내면서 '지겹다'는 말을 되풀이하는가 하면 심지어는 잡초만을 제거하는 농약(農藥)을 뿌려대기도 한다. 정말 잡초에 대한 진정한 고마움을 모르고 지나치는 행위이다.

인생에 있어서 잡초 같은 삶은 어떠한 삶일까…? 한마디로 '역경을 이겨내고 꿋꿋이 살아가는 사람의 처절한 모습'이라고 단정할 수 있다. 흔히 이런 사람은 내면에 '잡초근성'이 자리한 강인한 사람이라고 잘라 말한다. 잡초는 가뭄이 지속되어도, 긴 장마로 비가 매일 내려도, 누구에게 계속 짓밟혀도, 이들 역경을 가리지 않고 도처의 빈틈을 찾아 고개를 쳐들고 힘차게 싹을 연이어 돋아낸다.

우리들은 일상에서 어느 누구를 가리켜 "저 사람은 정말 잡초와 같이 살아간다."는 평을 하곤 한다. 그 사람은 늘 잡초보다 더 잡초 같은 일상을 보여주고 있음에, 누구라도 남달리 주의 깊게 살펴보게 된다. 이러한 잡초 같은 사람이 초기에는 성장의 끈이 다소 처지고 기폭이 심하긴 하다. 그러나 어느 한 국면에서 최종 승자로 힘겹게 올라서는 사람이 잡초 같은 사람이라는데 이의를 달 수가 없다. 진정 잡초 같은 사람이라면, 다음과 같은 사람을 두고 말하는 것이 아닌가 싶다.

〈잡초 같은 사람〉

* 자신의 어려운 처지, 난관에 대해 절대로 비관이나 낙담하지 않는다.
* 어려운 역경에 처했을 때 끈질김, 단단함, 대범함, 우직함, 당당함 등으로 대처하여 한 단계 더 도약하는 계기로 활용한다.
* 윗사람의 비이성적인 지시와 강요에 대하여는 서서 버티기와 앉아 버티기, 누워 버티기 등 다양한 방식으로 인내한다.
* 남에게 아무리 심한 상처를 입었어도 절대로 티를 내지 않고, 자기 수준에서 감내하고 견디어 나간다.

어느 집안 내 좌장격인 부모가 자식에게 이르기를 "잡초 같은 사람이 되어야 한다."고 하면서 오늘날과 같은 경쟁사회에서 "잡초같이 사는 사람을 이길 수가 없다"고 강조하는 경우가 종종 있다. 이는 야생의 잡초처럼 남에게 지지 말고 최후의 승자가 되어야 한다는 훈계의 의미가 포함되어 있다 하겠다. 다시 말한다면 사회에서 남에게 박수 받지 못하고 설사 무시를 당하는 경우가 있더라도 결코 실망하거나 포기해서는 자신의 꿈을 실현할 수 없다는 뜻이기도 하다.

삶의 정도(正道)와 관련, 흔히 이름난 지성인들은 잡초격인 '민들레'의 정신을 여기에 빗대어 조언하기도 한다. 민들레는 여타 잡초에 비해 유난히 끈질긴 생명력을 보유하고 있다. 사람의 발길이나 우마차가 다니는 한적한 들길에서 늘 밟히고 짓밟힘에도 불구하고, 바닥에 납작 엎드린 채 깊은 뿌리를 근간으로 굳건한 삶을 유지해 나간다. 그래서 민들레의 고유한 인(忍)과 강(剛)의 정신을 거울삼아 모진 사회의 어려움을 극복해 나가라는 것이다.

우리들의 일상에서 젊은이들에게는 잡초 같은 삶이 자기 인생행로의 길잡이고 좌우명으로 표본이 될 수도 하다. 그러나 우리네 인생 2막의 노인들 삶에는 어딘지 모르게 조금은 격에 맞지 않는 것 같기도 하다. 조금은 지나친 삶의 치열한 경쟁과 싸움의 방식이 아닌가…? 그렇게 여겨지기도 한다. 왜 그럴까…? 나이 든 사람이 우직하고 당당하게 처신하기보다는 부드럽고 어른답게 사는 것이 편하고 남에게도 보기 좋을 것 같다. 서로 간에 각박하게 살기보다는 여유롭게 무엇이건 준다는 마음가짐이 온화하고 우아하게 보일 것만 같다.

  나이 지긋한 사람으로서는 설사 아직도 마음속에 잡초 같은 기질과 정신을 간직하고 있더라도, 그 의미를 되씹어 볼 필요가 있다. 내외면에 풍성했던 잡초의 근성은 가급적 밖으로 내색하지 말고, 속에 깊숙이 간직하고 숨기었으면 한다. 오로지 솔나무 숲 향기가 피어나듯이 사람다운 사람으로서의 인품(人品)과 덕(德)이 보다 깊고 풍만했으면 좋겠다. 무엇보다 노인이라도 사람다운 사람으로서의 존재의 행복감을 갖기 위해, 나보다 당신이라는 큰 희생정신을 간직하고 살아간다면 더더욱 바랄 것이 없다 하겠다.

노화를 늦추는 삶

사람은 누구나 늙어 갈수록 건강하게 오래 살기를 원한다. 병들지 않고 젊음을 유지한 채 아름답고 멋지게 살다가 조용히 죽는 게 꿈이요, 소원이기도 하다. 그러나 나이 듦에 노화가 찾아오는 것은 당연하고, 건강이 바라는 대로 유지될 수는 없는 일이다. 인간의 모든 장기와 관절 등 신체는 노화(老化)를 거치어 노쇠(老衰)로 이어지게 마련이다. 이를 어떠한 방법과 수단으로 멈출 수도 없거니와 돌이킬 수는 더더욱 불가능한 일이다. 다만 건강관리를 위한 각종 생활규칙을 철저히 이행함으로써, 노화를 어느 정도 늦출 수는 있다는 게 의학계의 정설이긴 하다.

노화는 우리 몸에 대한 자연의 순리이다. 누구라도 노화, 노쇠, 죽음이라는 생의 마지막 열차에서 자유롭지 못하다. 노화의 현상은 그 사람이 살아온 생의 결과이며 총화(總和)인 것이 분명하다. 대부분의 노인들은 노화로 인한 성인병(고혈압, 당뇨, 콜레스테롤, 비만 등)을 친구처럼 지니고 살지만, 이보다 더 심한 3대 질병(암, 뇌졸중, 치매) 만은 비켜가고 싶다는 간절한 소망을 안고들 산다. 때문에 우리 노인은 노화를 예방하거나 늦추기 위해서는 무엇보다도 노화의 주범(主

犯)인 성인병의 철저한 관리가 중요하다.

성인병은 예고도 없고 별 증상도 없이 우리 몸에 안주한다. 우리가 건강 검진에서 성인병을 발견되었을 때는 이미 성인병이 어느 정도 몸속에 정착한 후이고 증상을 느꼈을 때는 벌써 병세가 확실히 굳어졌다는 증거이다. 이렇게 병적 증세도 별무하고 고통도 수반하지 않는 성인병을 사전에 예방한다거나 성인병이 더 악화되지 않도록, 또는 개선되도록 치유한다는 것은 상당히 어려운 문제이다. 우리가 암, 뇌졸중, 치매 등 3대 중병의 위험으로부터도 벗어나려면 우선 성인병을 멀리해야 한다는 것을 주목할 필요가 있다.

일반적으로 잘 먹고, 잘 자고, 잘 배설하는 3통(通)의 순기능이 확실한 사람은 건강한 사람이라는 평을 받는다. 이런 사람은 우선 오장육부(五臟六腑)가 원활히 작동하고 이에 따라 피가 맑고 혈액순환이 순조롭게 이루어지고 있다는 것을 뜻한다. 또한 나이가 들었더라도 남보다는 얼굴 혈색이 좋고 몸의 골격도 튼튼하며 날렵해 보이는 건장한 모습을 자랑한다. 결국 이 사람은 노화를 최대한 늦추어가는 득을 갖추며, 아직은 성인병이 없다는 증거이기도 하다.

그러면 나이가 깊어감에도 불구하고 성인병에 걸리지 않는 비결은 무엇이며, 성인병을 최대한 늦추는 방안이 있기는 한 것인지…? 성인병에 걸렸다면 이에 어떻게 대응해야 하는지…? 여러 가지 알려진 건강 및 의학정보를 종합하여 다음 '3가지 대안'을 제시해 보기로 하자.

첫째, 규칙적인 운동을 생활화하자는 것이다. 운동을 열심히 한다고 다 좋은 것은 아니다. 자신의 신체적 조건, 건강상태, 경제적 상황 등 여러 가지 조건을 감안하여 최대한 내게 걸맞은 운동 종목을 선택해야 한다. 절대로 자신에게 무리하다 싶은 운동은 하지 말고, 적합한 운동이라도 운동의 강도에서 욕심을 부리지 말아야 한다. 운동을 지속적으로 하되 중간 중간 운동하기를 빼먹는 일이 없어야 효과를 극대화할 수 있다.

운동은 심장과 폐의 기능을 강화시켜 준다고 한다. 그러니까 피를 맑게 하고 혈액 순환을 돕는 역할을 하는 게 운동이다. 걷기가 가장 좋은 운동이고, 산책을 병행해서 하면 좋다고 한다. 아침에 일어나선 전신 스트레칭 운동을 빼놓지 않는 게 하루의 기분을 좌우한다. 관절과 근력의 유연성과 강화를 위한 밴드운동과 스쿼시운동을 병행해서 수시로 실시함이 요구된다.

둘째, 섭생에 유의하여 건강한 식습관을 유지하는 것이다. 무엇을 어떻게 얼마만큼 먹느냐가 건강을 좌우한다는 것은 삼척동자(三尺童子)도 다 알고 있다. 먹고 싶은 욕심을 자제하거나 금하는 것도 어렵거니와 자신의 건강을 위해 금기시해야 하는 음식을 단절하는 것도 어려운 것은 마찬가지이다. 술을 먹거나 단 것을 먹으면 안 된다는 의사의 경고에도 이를 100% 지키고 사는 성인병 환자는 드물다는 것이 현실이다.

사람이 과식(過食)하기는 쉬워도 소식(小食)하기는 어렵다. 나이 들어가며 섭생에 가장 중요한 것이 소식이라고 한다. 신체에 부합되게 적당하게 천천히 먹으라는 것이다. 옛날 할아버지들이 밥을 먹다 꼭

밥그릇에 밥을 남기던 모습이 기억에 새롭다. 나이 들어 장기(臟器)의 기능은 예전 같지 않은 처지에 과식은 바로 건강에 가장 큰 장애요인이란 것이다. 또한 건강에 좋다고 하는 음식을 너무 과하게 편식하는 것도 문제이고 건강에 좋다고 하는 영양제를 너무 과신(過信)하는 것도 문제이다.

셋째, 정신적인 건강이 가장 중요하다는 것이다. 유명한 의사들은 "건강을 위해서는 무엇보다 스트레스의 조절 능력이 탁월해야 한다."고 지적하고 있다. 정신 건강이 온전치 못하거나 마음을 잘 다스리지 못하면, 식습관을 잘하기도 어렵거니와 운동을 잘 할 수도 없다. 욕심이 너무 지나치거나 매사를 부정적으로 일관하는 사람은 스트레스를 많이 받게 된다. 이런 사람은 정신적으로 화병이나 우울증을 유발하기 쉽고, 급기야는 소화불량, 장염, 간염 등의 질환을 초래하고 만다.

스트레스를 예방하고 내 안에 들어온 스트레스를 해소하기 위해서는 긍정적인 사고에 유념하는 게 가장 중요하다. 때때로 충분한 휴식과 함께 명상이라든가 복식 호흡을 통해 스트레스를 허공으로 날려 보내야 한다. 어느 정신과 의사의 말인 즉 "스트레스 가운데 제일의 문제점으로 건강을 좀먹는 것은 부부 관계로부터 온다."고 말했다. 나와 가장 가까운 아내와의 관계가 원만하고 스트레스를 받지 않도록 슬기롭게 관계를 유지해나가는 것이 무엇보다 중요하다는 데 주목할 필요가 있다.

노화의 시계를 늦추는 것은 나 하기 나름이다. 내가 어떻게 사느냐의 질(質)과 양(量)에 따라서 혈관의 건강나이를 줄이거나 늘릴 수 있다는 것이다. 무엇보다도 자신의 건강을 위해서 좀 더 당차고 당당하게, 좀 더 의젓하고 의연하게, 조금은 도도하고 강력하게 대처할 필요가 있다. 그리하여 누가 오랜만에 보면, "아… 저 사람은 전보다 건강하게 젊어 보이고 회춘(回春)하고 있다."는 소리를 듣도록 해야 한다.

노색(老色)은 억지로라도 접고 젊음을 되찾아 웰빙(Well-being)하겠다는 노력과 끈기가 필요하다 하겠다. 우리들 속담의 '누우면 죽고 걸으면 산다.'말이 노인들 모임에서 유행이다. 어느 누구라도 이를 신주처럼 떠받들고 살아야 오늘의 내가 존재할 수 있다. 우선 걷기부터 산책도 실천하고, 건강식과 간편식으로 매일매일 일상을 즐기면서 오늘도 움직이고 내일도 움직이자. 중국 속담에 '기적은 하늘을 날거나 바다 위를 걷는 게 아니라 땅에서 걸어 다니는 것이다.'라고 했다. 걸어 다닐 수 있다는 게 복이고 기적이라고 생각해야 한다.

기적은 내가 만드는 것이지 누가 나를 위해 만들어주는 것이 아니다. 항상 욕심을 버리고 나를 사랑하자. 주변에 겸손하고 용서하며, 이웃을 돕고 이해하며, 모든 일을 긍정적으로 생각하자. 그러면 언제나 힘 있게 걸을 수 있다. 이게 기적이라면 기적이다. 자연히 노화의 시계추는 느리게 섰다 가고 또 섰다 가고 천천히 가고 말 것이다.

내 일상의 무리한 삶

연일 날씨가 덥긴 무척 덥다. 집에 에어컨을 안 틀고 살다보니, 오후 3-4시가 되면 숨이 막히는 것 같아 헉헉대며 선풍기 앞을 떠나지 못한다. 에어컨을 막상 틀어보면 시원하긴 하지만, 에어컨 공기의 쾌쾌한 냄새, 코를 비롯한 호흡기의 알레르기 반응, 두통 등의 후과(後果)가 만만치 않다. 때문에 나는 아내와 함께 일단 에어컨 사용을 안 하기로 합의한 채 실행에 옮기고 산다. 언제까지 버틸지는 모르지만 우리 부부는 에어컨을 작동하지 않고 그런대로 잘 견디고 사는 셈이다.

그런데 엊그제 내게 문제가 발생하였다. 오후 4시경 낮잠을 한숨 자고 났는데 몸에 심한 열감이 있고 몸살기가 있음을 감지하였다. 급히 체온계를 동원, 귓속에 체온계를 넣어 열을 재보니 38도에 이르고 있어 큰일이다. 아내에게 알리고 집에 비치한 타이레놀 한 알을 급히 복용하였다. 한 시간 후부터 체온이 36.5도 정상으로 내려와 안심하고 취침을 하였다. 다음 날 아침에는 정상이었으나 오후 들어 37.1-37.3도로 조금 높은 수치를 나타냈다.

내 자신을 스스로 점검해 보았다. 아무래도 나의 체온이 오르락내리락 하는 것은 정상이 아닌지 싶다. 몸의 이상이 있음이 분명하다는 생각에 변함이 없었다. 소변이 자주 마렵고 열이 오르는 것은 아무래도 요로계가 문제가 있는 것으로 의심되었다. 내일에는 동네 병원이라도 방문하여 이상 유무를 체크해야 한다는 생각을 굳히게 되었다. 그러나 단순과로에서 오는 체온의 변화일 수도 있다는 생각에서 최근의 내 몸의 과로 상황을 점검해 보기로 한다.

찜통더위, 폭염이 지속되는 가운에 신체적 과로는 과유불급(過猶不及)이 맞다. 운동과 텃밭농사일에 지나치고 있다는 것을 미리 경계하지 못하였고 예전과 동일하게 의욕을 갖고 임하였다는 것이 잘못이다.

* 아침, 저녁 30분씩 스트레칭 운동과 하루에 6-7천보 걷기를 지속적으로 유지
* 일주일에 두 번 새벽 6-10시간 텃밭 농사일에 열중

사실 텃밭에서 일할 때 내 나이 81세라는 사실은 잊고 일한다. 어쩌다 허리나 무릎에 무리를 하여 좀 아프다 싶으면, 도랑 근처 그늘에서 쉬곤 하지만 이내 잊고는 밭일에 열중하고 만다. 9시가 지나면 아침 햇볕도 뜨겁다 못해 따갑다. 풀을 매거나 땅을 좀 파면 등골에서 땀이 비 오듯 흐름을 피하지 못한다. 모두가 예전과 달리 내 몸을 지치게 만들고 만다. 몸이 참고 참다가 이곳저곳으로 반항의 기세를 펴는 게 바로 허리, 무릎, 어깨, 발바닥 등 신체 각 부분의 일반적 병적 증세인 통증으로 나타난다.

아무래도 몸에 과부하(誇負荷)가 걸린 것이 분명하였다. 이렇게 날씨가 더운 날엔 설사 그까짓 것, 텃밭 농사의 수확을 포기한들 문제될 것이 없다. 마트에 가면 항상 싱싱한 것을 구입할 수 있다는 생각을 하면 된다. 내가 텃밭 일을 접은들 내 자유이며 누가 책하는 사람도 없다. 몸이 중요하지 오이, 호박, 도마도, 가지 등을 수확하는 게 더 중요하지는 않다. 텃밭 야채가 시장물건보다 맛이 훨씬 좋기는 하다. 그러나 그 야채가 내 몸보다 귀중하지는 않은 것이다. 그러니까 내 욕심, 별것 아닌 것에 대한 부질없는 욕심이 내 몸을 해치고 있다는 것을, 그 중요한 사실을 나는 잊어버리고 밭일에 열중하였던 것이다.

노년의 삶은 항상 좀 과한 것, 지나친 열중에 자제할 줄 알아야 한다. 등산을 좋아하는 산악인이 늙어서 무리하게 산행하다 사고를 당하는 경우가 많음을 본다. 한참 일할 나이에 갑자기 당하는 중병(重病)도 실은 그의 돈과 권력에 대한 과도한 집착과 욕심이 빚는 결과일 경우가 많다. 젊어서 쓰러짐은 다시 일어설 수 있는 기회가 있고 새로운 출발의 도약은 더 좋은 결과를 얻을 수도 있다. 그러나 늙어서 당하는 결정적 사고는 재기할 기회를 얻기가 어렵고 더 큰 절벽에 맞닥뜨릴 수 있다.

우리들의 삶에서 헛된 욕심과 자만은 기필코 화(禍)를 자초한다고 했다. 일찍이 동양 철학에서는 지혜로운 삶의 지침으로 중용(中庸)을 권했다. 이를테면 중용의 삶은 '지나치거나 모자라지 아니하고 한쪽으로 지나치지도 아니한 중도의 길'이라는 것이다. 적어도 노인의 살에서는 한쪽에 치우침이 없는 중도의 삶을 살아가는 게 현명한 처세임이 맞다. 운동에서도, 식사에서도, 취미 생활에서도, 친구와의 관계에서도 내 자신을 너무 과신한 나머지 자만해서도 안 되겠거니와 자만이 지나쳐 오만(傲慢)해서는 더더욱 바람직하지 않다.

    결국 나의 삶, 노년의 일상에서 너무 경쟁 심리에 몰두하거나 자기중심적인 이익 추구는 자제해야 한다. 항상 나의 적정선이 어느 정도인지를 헤아려 멈추고 뒤를 돌아보면서, '무리 없는 그런 중용의 길을 걸어야 한다.'고 나는 거듭 강조하고 싶고, 나는 그런 길을 걸어가려고 한다.

까탈스러운 입맛

'까탈스럽다'는 말은 까다롭다의 비표준어이었으나 2018.3 표준어로 승격되었다고 한다. '스럽다'의 접미사가 붙어 까다로운 성질의 뜻이 더 첨가된 단어이다. 거기에다 부정적인 의미가 함축된 강조 어법이기도 하다. 그러니까 까탈스러운 입맛은 까다로운 입맛보다 더 가일층 까다로움이 센 사람을 가리키는 의미라 하겠다. 결코 남에게는 좋지 않은 인상을 준다는 뜻이 강하게 포함되어 있음에, 자신의 일상생활에서 유의하며 살 단어이긴 하다.

우리들 주변엔 '입맛이 둘째가라면 서러워할 정도'인 사람이 간혹 있다. 누가 뭐래도 그의 까탈스러운 입맛은 몹시 까다로운 면이 지나치다는 것을 자타가 인정하는 사람의 성향이다. 언제나 맛을 보는 테크닉은 그의 성격하고도 밀접히 결부되어 남보다는 훨씬 섬세하고 예민한 편이다. 이렇게 까다로움이 넘치는 입맛을 지니고 있는 사람은 그의 타고난 개성으로 미각(味覺)과 후각(嗅覺), 시각(視覺) 등이 특별히 발달한 사람이다. 또한 그의 입맛은 평생 살아온 집안의 음식 맛에서 배어온 오랜 습관과 전통에 기인한다는 지적이 있다.

우리들 일상에서 음식을 먹을 때 음식 맛에 관해 지나치게 따지거나 맛있는 음식만을 선호하는 등 심하게 가려먹는 것은 좋아 보이지는 않는다. 특히 남자가 음식점에서 식탁에 음식을 놓고 이러쿵저러쿵 방정맞게 떠벌리는 것은 예의를 저버린 행동으로 비치며, 어느 면에선 몰상식하고 몰염치한 언행이다. 더욱이 음식의 질이나 맛과 관련, 아무 죄도 없는 종업원을 향해 꾸짖고 나무라는 처사는 정말 눈살을 찌푸리게 하기도 한다.

입맛과 식욕은 비례한다. 식욕이 워낙 좋은 사람은 무엇을 먹어도 입맛도 맞는다. 원래 식욕이 낮은 사람은 입맛이 좋을 리 없다. 그러니까 입맛이 까다로운 사람은 대개 왕성한 식욕이 없는 편이다. 병약한 사람에게 왕성한 입맛을 기대하기는 어렵다. 사람들은 흔히 병후에 잃은 식욕을 회복해 보겠다고 자기가 평소에 좋아하던 맛집을 찾곤 한다. 그럴 경우 '아…. 이 집 음식 맛이 왜 이렇지, 주인이 바뀌었나, 안 되겠군….' 하고 음식점 탓을 하지만 실은 자신의 식욕이 돌아오지 않아서 그런 것이다.

나는 음식 맛의 여부를 판단함에 있어선 일정 수준 이상의 수월성을 갖고 있다고 자부한다. 집에서도 밥을 먹다 아내가 차려놓은 음식에 관해 맛이 어떻다고 일갈하다가 심한 꾸중과 핀잔을 자주 듣곤 한다. 그 구박을 받을 때마다 '다시는 그런 말을 하지 않는다.'고 마음속으로 다짐하지만, 여의치 못한다. 며칠 못 가서 밥을 먹다가 이내 참지 못하고는 "여보, 오늘 미역국이 영 시원하지가 않는데, 왜 그렇지요…?"라고 뇌까리다 아내에게 곧바로 꾕음의 질타를 맞고 만다. 나는 자신을 향해 '아내에게 두들겨 맞아 싸다. 뭐 밥 먹으면서 또 입맛

타령을 일삼고 있는가…?'라는 자괴감에 쓸쓸히 웃고 만다.

  우리 가족 중 나만 그런 게 아니다. 내 아들, 딸, 손주들도 마찬가지로 입맛이 까다로운 편이다. 아마 나로부터 물려받은 DNA가 그래서 그렇기도 하겠지만, 현 세태가 먹는 것이 넘쳐나서 그런 면도 짙다. 우리가 자랄 때, 청소년기에 입맛이라는 것은 거론할 수 없을 정도로 먹을 게 부족했다. 맛을 따지고 맛있는 음식을 고를 생각은 아예 하지도 못할 처지였다. 그땐 음식점을 가리켜 맛집이라는 말도 없었고, '자장면 한 그릇이면 최고'라는 그 시절에 입맛이라는 의미는 일종의 사치였다.

  친구들과의 모임을 가질 때 장소를 정하는 것은 거의 나의 몫이 된다. 친구들 대다수가 내가 정한 음식점의 음식 맛, 환경, 서비스 등에 대 만족이고 교통과 거리문제 등의 편리성에서도 동의하기 때문이다. 내가 오랜 기간 주선하다 보니, 음식점 장소선택에 이골이 나있는 편이고, 이 일도 친구들과의 나눔과 봉사라는 차원에서 보람을 갖고 지속해왔기 때문인 것 같다. 나는 친구들에게 "수고한다."는 말을 자주 듣게 되었고, 음식점 주인에겐 "고맙습니다."라는 인사를 자주 받으며 주인과 친숙해지기도 했다.

  그래도 살다보니 입맛이 까다롭다고 정평이 나있는 것은 그리 좋은 일은 아닌지 싶다. 식욕을 저해할 정도가 아닌 입맛 정도면 좋지 않을까 여겨진다. 주변에 '그놈 까다롭다'는 평을 듣고 사는 것이 편하지 않기 때문이다. 모든 것이 '더도 말고 들도 말고'의 중간에서 상위 쪽으로 위치함이 가장 좋을 것 같다. 그러나 성격과 개성은, 자신의 특성은 마음대로 조정이 안 된다는 것이 정설이다.

　내가 평생을 그렇게 살아왔는데 그게 쉽사리 고쳐질 리 만무하다. 고치려는 생각도 안 한다. 그러니까 현재의 수준에서 최선의 길을 찾는 것이 현명하다는 생각에 동의한다.

수돗물의 고마움과 건강

우리 집 수도꼭지를 좌로 틀면 언제나 따뜻한 물이 콸콸 나온다. 부엌에서도, 화장실에서도 아주 뜨거운 물부터 찬물까지 마음대로 조정하여 사용할 수 있다. 언제나 욕조에 물을 받아 반신욕은 물론 전신목욕도 기꺼이 할 수 있다. 정수기와 연결한 물도 마찬가지이다. 정수기에서 정수, 냉수, 45도, 70도, 85도의 물이 자유자재로 배출되어 음료로 사용할 수 있다. 따끈한 커피를 한 잔 하고 싶다면 바로 85도의 물을 받아, 기호에 적합한 다양한 커피를 타서 마음껏 즐기는 편리성을 실감하고 산다.

물은 인간의 생명 유지를 위해 절대적으로 필요한 존재이다. 지구 전체의 70%도 물이며, 사람의 몸도 전체의 70%가 수분으로 구성되어 있다고 한다. 우리들 몸 안의 물은 자연과 같이 그 사람의 건강을 좌우하는 가장 중요한 인자임은 두말할 나위가 없다. 우리가 한시라도 물을 먹지 않고는 살 수가 없는 게 바로 그 이유이기도 하다. 건강한 사람은 하루에 적어도 1.8리터의 물을 마셔야 한다는 게 의사의 권고 사항이다. 우리에게는 마시는 물의 양(量)도 중요하지만 물의 질(質)도 양 못지않게 중요하다. 누구나 좋은 물을 마시려고 힘들게 백방으로 애쓰고들 산다. 각종 공해로 오염된 현대 생활에서, 우리가 항상 좋은 물을 섭취하기란 그렇게 쉬운 일이 아닌 게 현실이기 때문이다.

나의 고향은 양평의 용문산 기슭에 위치한 깊은 산골 마을이다. 우리나라가 산업화되기 이전까지 고향마을에 산재한 샘물, 우물물, 개울물 등은 모두 항상 맑고 깨끗하여 물의 더러움을 모르고 살았다. 지금에 와서 생각해 보아도 그때 그곳의 물은 오염하고는 거리가 먼 정말로 신비한 자연 그대로의 존재이었다. 산에서 동네 한복판으로 흘러 내려오는 개울물은 이른 아침 동네 사람들의 식수로 거리낌 없이 사용되었다. 지금 생각해 보아도 섬섬옥수(纖纖玉手) 그 자체이었으며, 물맛도 최상이었음을 정확히 기억할 수 있다.

우리는 평소에 물의 고마움을 모르고 산다. 우리나라 수돗물 사정이 항상 깨끗한 편이고 양도 부족하지 않은 수준이기 때문이다. 만일 수돗물이 시간제로 나오고, 그것도 음료수로 사용할 수가 없을 정도라면, 삶의 질은 물로 인해 일상이 이리저리 꼬이고 산만해지는 어려움을 겪을 것이 틀림없다. 지금 우리네 일반 가정에서는 깨끗한 물을 먹기 위해 시중에서 판매되는 생수만을 사 먹는 가정도 많다. 수돗물을 끓여 먹는 가정도 그에 못지않다. 이것도 저것도 귀찮아 정수기를 설치하는 집이 훨씬 많다고 한다.

그러나 우리나라 수돗물 정도면 먹고 살아도 큰 탈이 없다는 것이 수도 당국의 발표이고, 다른 나라 사정과 비교해 보면, 실제로 그렇기도 하다. 우리나라 수돗물은 세계에서 8번째로 깨끗한 물로 평가되고 있다. 그만큼 우리나라 강이나 하천의 원수가 그래도 깨끗한 편이고 수도 및 하수의 관리도 선진국 수준을 유지하고 있다고 자부할 수 있다. 7-80년대에 우리의 산업화 과정에서 강과 하천이 많이 오염되어, 한때 사회 현안으로 크게 문제화된 적이 있었지만, 이제는 도시나 농촌의 하수처리가 많이 진척되어 음료수에 대한 걱정을 많이 덜어주고 있는 것으로 평가되고 있다.

해방 후 6.25사변을 전후한 서울의 물 사정을 돌이켜 보자. 그 시절 물과 전기의 기근(饑饉)으로 인한 하루하루의 고난의 일상은 지금과는 비교가 될 수 없을 정도로 고난의 일정이었다. 그때는 모든 것이 너무 부족했고 어려웠기 때문에 물 부족도 으레 그러려니 하고 불만도 원망도 희망도 없이 산 것 같다. 예를 들어 1950년대 중반 나는 서울 종로의 이화동 평지에 살았는데, 낮에도 수돗물이 잘 안 나오고 밤에만 나왔다. 밤에 나오는 물도 수압이 약했고 깨끗하지도 못했다. 한밤중 물은 큰 양동이나 욕실 탕에 받아두었다가 낮에 사용하고 먹는 물은 동네 공동 수도에 가서 물을 길어오곤 했다. 공동 수도에는 항상 물을 받으러 온 사람들의 긴 줄이 늘어서 있었다. 겨울에 샤워는 생각도 못했고 공중목욕탕에 가는 것도 겨우내 1-2번으로 끝났다.

수돗물에 관한 고통이라면 90년대 중반 러시아 극동 하바롭스크에서 지낸 3년간의 산 경험을 전해주고 싶다. 하바롭스크는 인구 60만이 넘는 극동 시베리아의 교통, 문화, 상업의 중심지이다. 그때 시내 중심의 수돗물은 해가 가고 달이 바뀌어도 늘 누런 녹물이 나와 거의 식수로 사용할 수가 없었다. 먹는 물은 아예 샘물을 사 먹고 살았으며, 생활용수는 녹물을 받아 녹이 다 가라앉은 후, 상층부의 물을 떠서 사용하였다. 이곳의 수돗물은 원수 자체(아무르 강)도 수질이 안 좋은 점이 문제이었지만, 가정으로 들어오는 수도관을 비롯한 시설의 노후화가 극에 달했기 때문이었다. 당시 국가부도를 맞은 러시아 정부의 재정이 너무 열악해 국민의 생활 수준을 개선할 방도가 전혀 없었던 것이 주된 이유이었다.

우리는 종종 물이 갖는 중요성, 물의 편리성 등에 대해 잊고들 산다. 하루 24시간 내내 집에 수돗물이 펑펑 나오고 전기가 단전 없이 제대로 공급되는 나라에서 산다는 것은 정말 행복한 생활을 누리는 국민의 일상이다. 평화가 유지되고 잘 사는 나라에는 먹는 물과 전기의 공급이 원활하다. 그러나 몇 년째 전쟁이나 내전이 지속되고 있는 나라에서는 물 자체가 부족하기도 하겠거니와 깨끗한 물을 접하기는 하늘의 별 따기나 다름없다.

만일 우리가 살고 있는 고층 아파트에 수돗물과 전기 공급이 갑자기 외부 사정으로 며칠간 중단되고 있다고 가정해 보자. 그때 입주민들의 불편함은 그야말로 개인의 능력으로는 수습이 곤란할 경지에 이를 것이며, 각 가정의 삶 자체는 전쟁 중임을 방불케 할 것이다. 물이 없는 매일매일의 일상은 사는 게 아니라 엉망진창의 아수라장이 될 것이 분명하다.

현재 북한 동포의 실정을 보자. 그들은 우리의 5-60년대 수준의 물, 전기 사정의 수준에 하루하루 전전긍긍하며 산다고 한다. 같은 동포로서 실로 안타까운 마음 금할 길 없으나 북한의 정치 체제가 변하지 않는 한 우리가 도와줄 수도 없는 노릇이다.

　우리나라의 현 정치, 경제를 주도하는 세력들은 물, 전기의 부족이라든가, 허기(虛飢)를 모르고 살았던 세대이다. 그들이 인지하고 있는 시대정신의 의의가 무엇인지도 궁금증을 자아낸다. 술술 나오는 수돗물의 고마움을 알고는 사는지 또한 궁금할 뿐이다. 어느 나라나 국가 재정이 거덜 나면, 그 국가는 곧바로 국민들 삶의 질이 가난으로 이어진다. 우리는 IMF사태(외환위기)도 겪어본 나라이다. 그때의 고통이 어떠했는지도 잘 알고 있다.

　지금이 어느 때인가…? 지금은 그 어느 때보다도 공정, 정의, 공평을 바라는 민주 시민의 요구가 도도히 사방에서 빛을 발하기를 기원하고 있다.

장맛비와 물고기

　장마가 들어 강이나 하천에 큰물이 나면 물고기는 상류로 물길을 타고 올라간다. 아마 흙탕물을 피해 맑은 물을 찾아가는 물고기의 생태적 본능이기도 하며, 상류의 좋은 자리를 찾아 안전한 산란을 도모하려는 물고기 본연의 모성애도 한몫을 차지한다고 한다. 아무튼 그 옛날엔 장마철이 지나고 나면 강의 상류인 큰 하천이나 개울에는 여러 가지 물고기가 풍성해져 때 아닌 개점 성시(盛市)를 이루고 있음을 보았다.

　어제는 갑자기 세찬 소나기가 주룩주룩 내리었다. 마치 양동이로 물을 퍼붓듯 물줄기는 소나기의 범위를 벗어난 폭우였다. 창가에 부딪치는 강한 빗줄기를 물끄러미 바라보다 불현듯 장마철의 어린 시절, 내 고향에서의 물고기 잡기가 영화의 파노라마처럼 번득 연상되었다. 그때 그 시절 물고기 잡기는 나에게 너무나 재미가 있었지만 여름 한철 민물고기 매운탕은 시골 사람들 모두의 배고픔을 덜어주었고, 부족한 단백질 등 영양보충을 위한 최선의 방책이기도 했다.
　내가 자란 곳은 남한강 상류에 속하는 양평의 용문이란 곳의 산골 마을이었다. 이곳에는 홍천 쪽의 냇물이 모아져 내려오는 큰 하천이 지나고 용문산에서 내려오는 가장 큰 개울이 서로 만난다. 산천이 수려하고 언제나 물이 풍부하여 예로부터 군(郡)내에서는 인심 좋고 인물나는 곳으로 정평이 나 있는 곳이기도 하였다. 마을 사람들은 두 개의 하천에 농업용수를 공급하기 위한 보(洑)를 3군데나 만들어 놓고 갈수기에 대비함으로써 가뭄의 피해를 모르고 사는 곳으로도 유명했다.

그 시절 1950년대에 어느 해든 장마가 들면 용문천에도 흙물이 산더미를 방불케 할 정도로 내려갔다. 큰 장마가 지나가면, 돌과 나무, 잔디로 만든 농업용 보는 장마에 금세 절단이 나고 말았다. 물고기들은 지금의 시멘트 보와 달리 흩어진 보를 이용해 마음대로 이동할 수 있다. 자연히 남한강에서 올라오는 고기떼는 용문천과 용문산에서 내려오는 개울의 적당한 곳에 자리를 잡고 둥지를 튼다. 당시 북한의 6.25남침으로 모든 마을 사람들이 꽁보리밥조차 먹기 힘들었던 어려운 시기에, 마을 사람들의 배고픈 허기는 물고기를 그대로 개천에 내버려둘 수는 없었다.

그때 마을 사람들이 하천과 개울에 산재한 물고기를 효과적으로 잡는 방법은 대략 다음 3가지로 유행하였다.

① 옆집 아저씨와 형님은 족대를 들고 흙탕물이 무섭게 불어난 하천가로 나간다. 나는 물고기 바구니를 들고 뒤를 따른다. 아저씨는 물고기가 모여 있음직한 곳을 골라 족대를 들이대고 형은 발로 고기를 몰았다. 각종 물고기가 족대 안에 풍성하게 잡힌 물고

기를 바구니로 옮길 때마다 나는 신바람이 났다. 잡아 온 물고기로 우리 옆집식구들과 함께 푸짐한 물고기 매운탕을 끓이고 감자보리밥을 곁들여 배불리 포식을 하곤 했다.

② 장마가 끝나고 물이 맑아지면 유리어항과 손수 만든 견지낚시를 이용해 고기를 잡았다. 주로 어린이들과 청소년들이 이 작업에 재미를 붙이고 열중하였다. 장마 이후에 어항을 놓으면 유리어항에 물고기가 가득 찰 정도로 고기들은 어수룩했다. 어항에 드는 고기와 견지낚시로 잡는 고기는 대부분 피라미이다. 뼈가 많고 맛이 없으나 먹을 게 없던 시절에 피라미 매운탕마저도 귀한 존재로 대접을 받았다.

③ 장마로 불어난 물이 다 빠지면 개울 상류 쪽의 큰 돌 밑의 고기를 잡았다. 이때도 나는 고기 바구니를 들고 형들이 잡는 고기를 담는 일에 열중하였다. 고기를 잡기 위해선 큰 망치인 함마, 쇠꼬챙이, 족대를 준비해야 한다. 먼저 함마로 물속의 큰 돌을 이곳저곳을 번갈아 가며 몇 번 치고 족대를 하류에 대고 쇠꼬챙이를 지렛대로 이용하여 돌을 들썩들썩 하여 정신이 나간 고기를 돌 밖으로 유도하여 족대로 잡아낸다.

1인당 국민소득 5-60여 불이었던 그 시절, 우리나라 농촌 개울에서의 물고기 잡이 풍경이다. 먹을 것, 입을 것이 부족했고 전기도 없던 때이었다. 그야말로 그때 우리 마을의 생활수준은 그야말로 아프리카 사람들이나 마찬가지였던 그런 시절이었다. 그렇게 못살던 우리나라 농촌 사람들이 지금은 세계 최초로 선진국이 된 처지에서 냉장고, 에어컨을 틀고 행복하게 살고들 있다. 이제 시골 사람들도 세탁기, TV, 자동차를 갖고들 산다.

  참으로 놀랄 만한 격세지감(隔世之感)이 앞서지 않을 수 없다. 나는 누구인가…? 나는 어떻게 살아야 올바르게 살고 보람 있게 사는 것인지…!! 옛날 농촌, 내 고향에서 물고기 잡기 하며, 허기진 배를 움켜잡았던 그 모습을 떠올려 보면서 내 자신을 다시 한번 바르게 성찰(省察)해 보고 싶다.

삼계탕의 참맛

나이가 깊어지면 누구나 신체 각 부위의 근육이 빠진다. 때문에 "노인들은 매일매일 단백질 섭취를 늘리고 보충하는 데 신경을 써야 한다"는 게 의사들의 권고사항이다. 단백질을 섭취하는 제일 쉬운 방법은 고기를 먹는 일이다. 그런데 세상엔 고기 먹기를 아주 즐기는 사람이 있는가 하면 고기를 전혀 안 먹는 채식주의자들도 널려 있다. 난 고기를 싫어하지는 않으나 그렇다고 고기를 먹고 싶다고 찾아다니며 먹는 그런 스타일은 아닌 것 같다.

단백질 보충에는 뭐니 뭐니 해도 삼계탕이 제일인 것 같다. 복날에 삼계탕 집 문 앞에 죽 늘어선 사람들의 줄을 보아도 삼계탕이야말로 인기 있는 대중적인 보양식인 것은 맞다. 여러가지 요인이 있겠지만 무엇보다도 삼계탕은 값이 저렴하고 다른 고기에 비해 소화도 잘 되는 편이다. 삼계탕이 사랑받고 있는 이유는 각종 한약재를 넣어 보양식의 조건을 갖추고 있는 것도 큰 요인이다. 더욱이 요즘 삼계탕 집에서는 소식(小食)하는 노이들과 어린이를 배려하여 메뉴에 반계탕을 준비하여 팔고 있는 것도 한몫한다.

영양학자들 말에 의하면, 고기 중 가장 영양가(단백질 등)와 몸보신에 권하고 싶은 고기류의 순위는 ①개고기 ②오리고기 ③닭고기 ④돼지고기 ⑤소고기의 순이라고 한다. 값으로 따지면 닭고기가 제일 저렴하다. 맛으로 따지면 사람 개개인의 선호도에 따라 다르겠지만 우리나라 사람들은 대부분 낙제 점수인 소고기를 제일 좋아한다. 소고기 중에도 제일 나쁜 갈비를 좋아하는 것은 아무래도 아이러니컬한 일이다. 그래서인지 우리나라는 소고기 값이 세계에서 가장 비싼 나라에 속한다.

우리 동네에는 유명한 삼계탕 집이 두 곳에 있다. 이름하여 가까운 곳에 '한방삼계탕' 집이 있고 조금 먼 곳에 '토속상황삼계탕' 집이 있다. 한약재를 두루 넣은 한방삼계탕이나 상황버섯을 듬뿍 넣은 상황삼계탕은 보신을 내세우며 맛을 내고 있다. 두 집의 삼계탕 맛은 거기서 거기의 수준급으로 맛의 우열을 가리기 힘든 맛을 제대로 낸 삼계탕이라 할 수 있다.

한방삼계탕에는 나이 지긋한 부인이 주방장, 아들이 서빙을 하는 집으로 주방장의 손맛이 제일이라면 그렇기도 하다. 삼계탕의 국물 맛이 일품이고 닭의 크기도 삼계탕에 걸맞은 사이즈를 선택하여 고기 맛도 수준급에 속한다. 김치도 깔끔하고 정갈하며 언제나 적당히 제 맛이 든 김치를 내놓는 것에 만족들 한다. 이집은 반계탕이 메뉴에 정해져 있어 소식하는 노인들의 식성과 입맛에 안성맞춤이다.

내가 한창 직장에서 일한 1970년대는 소고기를 먹기란 어림도 없는 일이었고, 닭고기만 먹어도 횡재한다고 하던 그런 시절이었다. 그땐 어른들이 삼복더위에 삼계탕보다는 보신탕을 주로 먹으러 유명한 집을 찾아다니곤 했다. 그땐 보신탕집이 여러 곳에 많았고 가격도 비교적 저렴한 데다 실제로 보양식으로의 효과(?)가 있었기 때문이었을 것이다. 지금은 정부의 보신탕 규제에다 반려견의 증가로 보신탕에 대한 혐오감이 일반화되어 보신탕집을 찾기가 어려워진 상황이다.

이제 우리나라는 세계 최빈국에서 선진국 대열에 당당히 입성하였다. 음식에서도 사람들이 자연히 선호를 가리어 좋은 음식, 영양가를 찾아 먹는 풍토가 일반화되어 있다. 삼복더위에 보신할 음식으로는 삼계탕 이외에 추어탕, 장어구이, 민어탕, 육개장, 콩국수 등이 있다. 이들 가운데 복날 사람들이 가장 즐겨 찾는 음식이 삼계탕이라 하겠다. 삼계탕에는 인삼 등 각종 한약재 이외에 대추, 은행이 들어가 있어 시각적으로도 보신의 힘이 되어주고 있다.

요즘 열돔 현상으로 이어진 폭염은 그 끝이 언제인지 보이질 않는다. 코로나에다 찜통더위로 얼룩져 사람들이 지칠 대로 지쳐 허덕대고 있음이 현실이다. 이럴 때일수록 '잘 먹어야 한다.'는 옛말을 거슬러서는 절대 안 된다. 예로부터 삼복더위에는 이열치열(**以熱治熱**), 열은 열로 다스려야 한다는 것이 상식이요, 보양식이 열을 다스리는 첩경(**捷徑**)인 것으로 알려져 왔다.

오늘같이 더운 날, 시원한 육수가 담긴 '평양냉면'이 한결 좋을 것이라는 생각도 든다. 그러나 뜨거운 삼계탕을 마주한 채 호호 불며 땀을 흘리고 먹는 게 보양식의 효과는 만점인 것이 틀림없다 하겠다.

멍 때리기를 해 보면

근래 신문 칼럼을 읽다보면 글 속에 '멍 때리기'를 권하는 내용이 종종 눈에 띈다. 우리네 세상이 하도 험악하고 혼탁한 것 같으니, 거기에다 코로나 팬데믹의 장기화로 심신이 고달프고 지쳐있으니까 이를 해소하기 위해 누구나 멍 때리기를 한 번 해 보라는 것이다. 멍 때리기의 효과가 정말 있기는 있는 것인지…? 그래도 우리나라 최고의 지성을 대표하는 사람들로서 가장 머리를 많이 쓰는 내로라하는 지식인의 권고 사항이니까, 그들의 권고에 따라 한 번 시도해볼 만한 가치가 있는 정신 운동인 것은 맞지 싶다.

멍 때리기는 '아무 생각 없이 멍하니 있는 상태'를 뜻하는 말이다. 흔히 '정신이 나간 것처럼 한눈을 팔거나 넋을 잃은 상태'를 말하는 신조어라고도 한다. 한마디로 뇌에도 아무런 생각 없이 '일정한 휴식'을 주어 뇌를 활성화시키자는 것이다. 사회, 가정에서 여러 가지로 스트레스를 받아 지친 사람이나 아니면 아무것도 하는 일 없어 늘 불안한 사람도 잠시 동안 뇌를 멍하게 한참 동안 빈 뇌로 만들어 보자는 주장이다. 우리들이 화나 번민, 근심과 걱정, 또는 불안 등으로 뇌 속의 버거움을 못 이겨내면, 이 상황의 지속이 육체적 병리 현상으로 발전되기 쉽다. 이를 사전 예방하기 위해선 멍 때리기가 질병 예방에 효과적이라는 것이다.

그러니까 멍 때리기는 잠시 휴식이 필요한 뇌에게 재충전의 기회를 제공하자는 것이다. 이를테면 뇌는 자기의식을 다시 다듬을 수 있는 기회를 갖게 되는 것이며, 이를 계기로 평소에 갖지 못했던 새로운 영감이나 어려운 문제를 해결할 수 있는 능력도 갖게 된다는 것이다. 다만 이는 평소에 지식과 정보 획득에 끊임없는 노력과 집념이 넘쳐난 사람의 경우에 멍 때리기가 해당되지, 아무나 이에 공감을 가질 수는 있다는 것은 아니라 한다.

그렇다면 멍 때리기는 언제, 어떻게 하는 것이 좋을까…? 아무래도 정신적인 고통이 깊어지기 이전에 수행하는 것이 좋다고 한다. 멍 때리기에 부담감을 갖지 말고, 자기 혼자 조용한 공간을 확보하며, 여유로운 마음을 갖는 것 등이 선결 요건이라고 한다. 우리가 지하철을 타고 가면서 보면, 모두가 핸드폰에 몰두한다. 지하철 내에서 지루한 시간을 보내기 위한 수단이지만, 아무것도 안 보고 멍하니 눈을 감고, 조용히 심호흡에 열중하면, 자연히 멍 때리기가 된다. 이때 머리는 맑아지고 새로운 아이디어가 떠오르기도 한다는 것이다.

〈멍 때리기의 방법〉

복잡한 세상의 미천한 나를 영혼의 세계로, 또는 꿈나라의 영웅으로 인도한다는 거룩한 생각을 가져 본다.

* 방 안에 혼자 있는 상태에서 사방이 조용한 시간대를 택한다.

* 먼저 주변을 정리하고 편안한 마음을 갖도록 노력한다.
* 가부좌(跏趺坐)를 하거나 운동 매트에 누워서 실시한다.
* 온몸의 이완운동(근육이나 긴장이 모두 풀리도록)에 들어간다.
* 멍 때리기 전에 희망, 꿈, 소원 등 잠시 좋은 생각을 갖는다.
* 10분 정도 하고, 효과 있다 싶으면 또 해 본다.
* 자주 하면 정신건강에 부작용이 있다는 점에 유의한다.

나는 멍 때리기가 필요한 시점을 택해, 실제로 멍 때리기를 몇 번 시도해 보았다. 기대했던 것만큼 효과를 보지는 못한 것 같고 그저 그랬다는 기분이 지배적이었다. 원래 내 생활이 한가롭기 그지없고, 그렇다고 특별히 스트레스를 받을 일이 없어서 그랬는지는 모른다. 아마 내가 항상 단전 호흡 운동을 하고 있는 데다 조용한 산책을 즐기면서 명상을 하는 습관이 있어서, 멍 때리기가 별로 필요치 않아서일 것이란 생각이 든다. 그래도 간단히 머리를 식히고 내 머리를 맑게 한다는 차원에서 멍 때리기는 필요하다는 생각에는 변함이 없다.

오늘날 우리들의 일상은 어린이로부터 노인에 이르기까지 늘 바쁘고 불안하기 그지없다. 삶의 현장에서 죽기 살기로 아등바등대는 젊은이와 마찬가지로 일 안 하는 노인네들도 왜인지 세상이 걱정되고 불안하기만 한 것은 사실이다. 그래서 오늘도 멍 때리기가 내게 또 한 번 필요한 것인지, 아닌지 궁금하기만 하다.

층간 소음의 딜레마

　아파트 생활을 장단점으로 구분해 보면 장점이 단점을 압도한다. 무엇보다도 편리성과 난방, 개인 생활 보호, 주거비용 등의 면에서 아파트가 단독 주택보다는 월등히 유리하다. 단독 주택에서 아파트로 이사를 온 사람들의 첫 반응이 "너무 잘 왔어….."라고 답하기도 한다. 아파트 생활을 처음 한 중년의 주부라면 너무 신기하다는 생각에 '내가 왜 여태껏 단독에서 그 개고생을 하고 살았지'라고 후회 막급하다는 자성의 마음까지도 갖는다. 아파트에서는 고칠 것이 별로 없고, 수도나 난방, 화장실 등에 잔 고장이 나기라도 하면 관리 사무소에 전화만 하면 고쳐 주는 편리함에 흠뻑 젖어 살기도 한다.

　우리나라는 세계인으로부터 주목받고 있는 '아파트 공화국'이 맞다. 현재 우리나라 국민의 절반이 아파트에 거주하고 살며, 준 아파트인 다세대와 연립 주택까지 합하면 인구의 70%가 아파트에 살고 있는 셈이다. 서울 한강변이나 강남 지역은 말할 것도 없고 수도권에는 면소재지까지 아파트군이 난립해 있음을 보고 이르는 말이기도 하다. 이렇게 아파트 건설이 급증한 것은 나라 안 곳곳에 돈만 벌자고 아파트를 지어온 건설 회사의 아파트 공급 탓이다. 정부도 지역 발전이라든가 지형, 수요와 공급의 원칙 등도 감안하지 않고, 막무가내로 아파트 건설을 허가해 준 데다 아파트 투기 붐이 주기적으로 일고 있는 것도 아파트 증가의 한몫을 한 것은 분명하다.

아파트에 살고 있는 주민으로선 서로 알게 모르게 준수해야 할 공동생활의 규칙이나 예의범절이 있게 마련이다. 무엇보다도 우리나라 아파트 생활에서 가장 중요한 현안은 층간소음을 둘러싼 분란의 문제이다. 일상에서 서로 층간 소음으로 인한 말다툼은 물론 심지어는 칼부림에 살인 사건까지 하루가 멀다 하고 일어나는 실정이다. '참을 인자 셋이면 살인을 면한다고 의식하고 가급적, 최대한 소음을 줄이고 사는 게 예의이고 의무이다'고 했는데 사소한 층간 소음 문제가 사람의 목숨을 앗아가는 흉측한 사건을 유발하고 있는 것이다.

그러면 이러한 아파트 층간 소음 문제의 비극적 사건은 왜 자주 발생하고 있는 것일까? 그 근본적 원인은 무엇이며, 무엇 때문에 완화되거나 근절되지 못하고 계속 지속되고 확대일로를 치닫고 있는 것일까? 제기되고 있는 문제의 핵심을 짚어보기로 하자.

첫째로, 우리나라 아파트 층을 구분하는 바닥(천정)이 소음을 제대로 방어하지 못하고 있기 때문이다. 아파트를 짓고 있는 건설사의 부실시공에 대한 책임이 우선이고 이를 방관하고 있는 정부도 한몫을 하고 있다. 아이를 키우고 있는 집으로서는 아무리 소음을 방지하기 위해 노력해도 아래층의 소음전달을 막아내기 어려운 게 아파트 바닥구조의 현실이다.

요즘 고급 아파트의 건설 회사들은 분양 광고를 통해 '층간 소음 없는 아파트'라고 선전하고 있으나, 실제로 소음 방지의 기준에 적합한 아파트라는 증거물은 내놓지 못하고 있다. 일종의 건설사의 과장 광고일 뿐이다. 정부 당국이 소음 공해 기준에 부적합한 아파트는 준공 검사를 허가해 주지 않으면 된다. 그러나 정부는 아파트의 소음 문제를 그렇게 중요시하지 않고 대충 넘어가고 있는 게 현실이다.

둘째로, 아파트 단지가 갑자기 늘어난 것에 비해 입주들이 지켜야 할 공동생활의 매너가 예나 지금이나 진전하지 못하고 있다. 아파트에 살아보니 같은 동에 살면서도 서로 소통이 어렵다. 동대표가 있고 반장, 통장도 있다. 동대표 회장도 있고 관리 사무소도 소장, 직원도 있다. 그렇지만 입주민과 이들 간의 소통의 기회는 거의 없는 상태이다. 그렇다고 단절되어 있는 것도 아닌데 서로들 노력을 안 하고 산다. 주민은 주민대로, 대표들은 그들대로 따로따로 노는 꼴이 연출되고 있을 뿐이다.

만일 대화로 서로 소통하고 양해를 구하고 적어도 취침 시간대에는 소음이 거의 안 나도록 주의를 기하면, 소음으로 인한 칼부림까지는 벌어지지 않을 것이다. 지속적인 소음을 당해보지 않은 사람은 소음의 폐해가 어느 정도인지를 잘 모른다. 그것도 예민한 사람이, 특히 불면증에 시달리고 있는 사람이 소음의 고통을 당하고 있다면, 이는 보통 사람의 경우보다 몇 배 이상 정신적 고통을 받게 된다. 분란과정에서 서로 소통과 용서가 안 되는 경우, 상식적으로 이해가 안 되는 폭력사태가 발생하게 되는 것이다.

셋째로, 코로나 사태로 인해 누구나 집에 머무는 시간이 많아졌기 때문이다. 아이들도 유아원이나 학교에 가지 않고 출퇴근 없이 집콕에 머무는 직장인들이 다수이다. 자연히 낮에도 필연적으로 층간 소음의 피해를 당하게 되어있으며, 이것이 위, 아래 집의 갈등과 분란을 부추기고 만다. 사실 아파트에 살면 모두가 가해자이며 피해자가 될 수 있다.

소음에 아주 민감한 사람은 아파트 층간의 소음을 간과하고 살기가 어렵다. 단독 주택으로 이사를 가든가, 아니면 귀를 철저히 막고 살아야 한다. 의료용 귀마개가 있긴 하지만 이것으로 층간 소음을 효과적으로 막지는 못한다. 민감한 사람이 귀마개를 막고 잠을 청하기도 실제로 쉽지 않다. 그러려니 하고 마음 편하게 먹고 살면 되는데 그게 예민한 사람에겐 그리 쉬운 일이 아니다. 사람은 천차만별의 차이가 있다. 소음에 둔감한 사람도 있다. 그러나 아파트 층간 소음을 매일 듣더라도 위, 아래층 사람이 서로 정답게 살기는 거의 불가능한 일이다.

층간 소음 문제는 개인 간의 문제이기도 하고 공동생활의 문제이기도 하다. 어느 소음이 한곳에 집중해서 전달되기도 하지만 아파트 동 위, 아래, 옆 전체로 번지기도 한다. 법적으로 해결될 문제가 아니라고 한다. 형사상 문제가 아니고 민사 소송의 대상이어서 벌금 정도가 해법이라고 하니, 법적으로 해결하기도 어렵다. 결국은 개개인의 배려, 이해, 양보 등의 마음가짐이라는 양심적인 인성에 기대할 수밖에 없기도 하다.

무엇보다 나부터 소음을 내서는 안 된다는 철저한 마음가짐이 요구

된다. 남의 입장을 배려하는 마음, 작은 소음은 생활화해서 신경을 안 쓰겠다는 결심, 위층, 아래층 사람과 친숙하게 인사하고 친밀하게 지내는 태도 등이 문제 해결을 위한 최선의 방책일 것이다.

운전면허증 갱신하고…

　나이 많은 사람의 자동차 운전은 그만큼 교통사고의 위험성이 높다. 요즘 내가 운전을 하며 느끼는 나의 운전 실력은, 우선 자신감이 예전보다 못하고 여러모로 시각, 청각 등 모두가 둔감해져 있다는 것을 실감하고 있다. 전후 사방을 살피는 속도와 위기의 대처능력도 전만 못함을 인정한다. 브레이크를 밟고 떼는 순발력도 유연치 못하고 속도감도 떨어지는 것 같다. 안개가 자욱한 날이나 밤중의 운전은 덜컥 겁이 나는 경우도 있다.

　사실 내 나이 80이 훌쩍 넘었으니 운전은 그만 접는 게 상책이란 말이 맞다. 정 필요할 땐 택시를 타고 다니는 것이 더 경제적이고 안전하다. 더군다나 내 차가 2005년도 산 그랜저라 안전성도 문제이긴 하다. 자동차 수리 센터의 기사에게 조그마한 새 차로 바꾸는 것이 어떨지 물었다. 내 차의 차량 점검을 마친 후 기사님 왈.
　"아유, 자동차 아직 멀쩡해유. 이제 7만 8천인데, 뭐 나무랄 데가 없어유. 조그만 차 새로 사는 것보다 이 차가 더 좋을 것입니다. 많이 운전도 안 하시는데 몇 년 더 타도 괜찮습니다."라고 자신 있게 말해주는 것이었다.

3년 전 차를 바꾸려고 새 차를 계약했다가 해약했다. 그때는 운전을 하지 말까 생각이 들어서 그랬다. 하지만 나의 건강은 전보다 나빠지지 않았고 그런대로 운전을 하고 다녀도 괜찮을 것 같은 생각이 지배했다. 조그마한 차보다는 큰 차가 안전에 더 유리할 것이라는 나만의 생각도 있고, 수리 센터 기사님의 조언을 그대로 믿고도 싶어 오래된 그랜저 차를 그대로 운용하고 있다.

나는 자동차의 교체도 생각 중이지만 올해 말까지 운전면허증을 갱신해야 한다. 75세 이상의 신청인은 반드시 교통안전교육 이수증(비대면 인터넷교육), 치매 검사증, 건강 검진 결과 등의 3가지 서류를 제출해야 한다. 물론 여권 사진 2장도 함께 내야 한다.

나는 교통안전교육은 인터넷으로 집에서 받았고, 치매 검사는 구청 보건소에서 받았다. 75세 이상의 운전자 치매 검사에서 떨어지는 사람이 많다고 전해들은 바 있어 나이가 나이인지라 치매 검사 하러 가는 것 자체가 조금 걱정되기도 했다. 구청 치매 검사 센터의 여자 검사관의 요구에 따라 답을 해 나갔다. 몇 가지 쩔쩔매기도 했지만…. 자동차 갱신에 필요한 점수는 많다고 하면서 운전면허 갱신에서의 검사 조회가 가능하다고 하였다.

모든 서류가 완비되어 오늘 운전면허증 갱신 신청을 하였다. 연말이라 미루고 미룬 사람들이 많아서인지 운전면허 시험장에서의 신청자들이 의외로 많아 아우성 난리가 난 듯했다. 신청 후 2시간 정도 지루하게 기다리다 새 운전면허증을 무난히 발급받았다. 또 운전을 해도 괜찮다는 정부 기관의 허가가 난 셈이다.

이제 내 나이 곧 만 81세가 되는데 운전은…? 조금 불편하더라도 운전을 그만두는 것을 고려해 볼 만한 나이다. 운전을 계속 하려면 내 자신의 건강을 위해서, 컨디션 향상을 위해서 더 노력해야 한다.

자동차도 이왕지사 새 차를 마련하는 게 좋을 것 같다. 소형차를 구입한다 하더라도 국산 소나타급 이상은 되어야 하지 않겠나…? 마나님이 허락할지는 미지수이다. 마지막인데 밀어붙여 보자. 좀 좋은 차로… 갈 데까지 가더라도 용기를 갖고….
새 차로 기분 좋게 아내와 드라이브나 한 번 가보자. 가까운 서해바다로 가서 회도 먹고 바닷바람도 쐬어보도록 하자.

손녀딸의 글짓기대상

손녀딸은 외고 2학년에 재학 중이다. 추석 전에 기숙사에서 집으로 오면서 할아버지에게 느닷없이 전화를 했다.

"할아버지 저 이번에 교내 글짓기 대회에서 대상을 탔어요. 모두가 할아버지 덕분인 것 같아요."

이렇게 말하기에 나는 "이놈아 왜 내 덕이냐…? 네가 공부 열심히 하고 평소에도 글을 잘 쓰니깐 상을 탄 것이지."라고 답하자, 이내 신나는 목소리로 "그래도 할아버지가 글을 잘 쓰시니까, 제가 글을 잘 쓰는 것 아녜요…? 아무튼 할아버지 너무 고맙습니다."라고 말하는 것이었다.

교내 글짓기 대회에서 상을 탄 사람은 대상1, 금상3, 은상4, 동상5, 장려상6, 모두 19명이다. 그중 손녀딸이 홀로 대상을 차지한 것이다. 누가 봐도 신통방통한 일이고, 대단한 결과이며, 놀랄만한 성과이다. 우수한 학생들만 모인 외고학생들 중에서 대상을 거머쥔 것이다. 이에 나는 무엇으로 칭찬을 해야 할 것인지, 손녀딸을 위한 적당한 말이 떠오르지 않았다.

손녀딸은 원래 글을 잘 쓰는 재주를 지녔다. 초중학교에서도 종종 글짓기 최고상을 탄 경험이 많았다. 중학교에서 교내 방송반 반장을 맡더니 외고에 가서도 방송반 반장에 선임되어 맡은 바 임무를 선도적으로 잘 하고 있다고 한다. 손녀딸은 목소리도 좋고, 말도 딱 부러지게, 조리 있게 잘 하는 편이다. 장래 꿈은 '방송사 정치부 기자'라고 당차게 말한다.

손녀딸은 일류 대학 언론정보학과 아니면 국문과에 지원하고 싶다고 한다. 나로선 대학에 입학하는 것을 보고 졸업 후 방송사에 취직해서 기자활동을 할 때까지 건강한 몸으로 말짱한 정신으로 지켜보고 살았으면 좋겠다. 그런 상황이, 그런 복덩이가 실제로 다가온다면, 내게는 더 건강하게 오래오래 살 만한 가치와 힘이 생겨날 것 같다.

어제는 아내와 함께 조그마한 봉투를 마련하고 조용히 손녀딸을 따로 만나 전하며 격려해 주었다. 내가 더 해줄 수 있는 것이 무엇이 있을까…? 하나님께 간절한 마음으로 계속 기도할 수밖에 없을 것 같다.

손자의 사춘기

내 손자의 여러 가지 근황이 사춘기에 해당되는 듯싶다. 나의 옛 경험으로 보나 작금의 TV, 신문 등 언론 매체를 통해 습득한 각종 정보를 감안하더라도, 중3인 손자의 모습이나 발언 등이 사춘기를 맞이하고 있음을 알려주고 있다. 무엇보다 그놈의 듬직한 신체적 변화도 그렇거니와 정서적으로나 이성에 대한 발언의 수위 등을 감안해 보아도 커다란 변화의 획을 긋고 있기 때문이다. 누구나 성장하면서 겪는 과정이라고 보아 넘기면 별것 아니기도 하다. 그러나 그 손자가 나의 대를 잇고, 후에 집안을 이끌어갈 '중요한 인물(?)'이라는 점에서, 내게는 주목되는 문제라 아니할 수 없다.

사춘기라 함은 '몸과 마음이 어린이에서 어른으로 성장해 가는 과정에 여러 가지로 나타나는 특별한 현상'들이다, 예를 든다면, 목소리가 어른스럽게 변한다거나, 육체적으로 어깨가 유난히 딱 벌어지는 것 외에도 성적으로 이성을 원하는 호기심이 발현하기도 한다. 이러한 일련의 현상이 어른이 되려는 사춘기적 특징이라 말할 수 있다. 또한 정서적으로 윗사람에 대한 괜한 저항이 돌출한다든가 친구들과도 이유 없는 다툼이 빈번해지고, 가족으로부터의 독립성이 생겨나기도 한다.

어느 날 저녁 중3인 내 손자는 느닷없이 할아버지인 나를 찾아와서는,
"할아버지, 제 신상에 의논드릴 문제가 좀 있는데요. 좋은 의견을 내어주세요…."라고 말하면서 이성 관계와 관련한 자신의 문제를 다음과 같이 자세히 설명해 주었다.

"저희 반에 저를 좋아하는 A라는 여학생이 있어요. 그런데 저는 그 사실은 모르고 있었는데, B라는 다른 여학생도 저에게 호감을 갖고 있었데요. A와 B가 저를 두고 서로 경쟁 관계인 것을 알고부터는 티격태격하는 사이가 되었다고 합니다. 그러다가 저를 두고 둘이 그만 싸움이 벌어졌다고 합니다. 주변에서 친구들이 말려 크게 싸움이 벌이지지는 않았지만, 그 후 A가 3일간 무슨 이유인지 결석을 했다고 합니다."

담임선생님에게 이 사실이 모두 알려져 선생님이 두 여학생을 불러 화해를 시키자, 그 후 반에서 없던 일로 여겨질 정도로 문제화되지는 않았고 잠잠해졌다고 한다. 그런데 내 손자에겐 다른 문제가 클로즈업 되었다는 것이다. A와 B가 아닌 C라는 여학생이 손자에게 계속 관심을 갖고 갖가지 언행을 통해 접근해 오고 있다는 것을, 손자가 인식하게 되었다는 것이다. 손자는 이어서 "이럴 경우 할아버지, 제가 어떻게 처신하면 좋겠습니까? 저의 선택지를 좀 가르쳐 주세요."라고 하는 것이었다. 나는 느닷없는 이성에 대한 손자의 고민을 듣고, 순간 내가 손자에게 잘못 이야기해 주면 큰일이다 싶었다. 나는 길게 숨을 몰아쉬고는 다음과 같이 답해주었다.

"그래 내 의견을 말하지. 그 문제가 반에서 소문난 일이고 담임 선생님까지 알았으니, 네가 현명하게 대처하여야 하겠다. 무엇보다도

너와 여학생이 1대3이라는 관계인데, 네가 반에서 인기 있는 남학생인 것은 맞나 보다. 아무래도 너에게 심적 부담이 클 것으로 짐작되는데, 너는 현재 중3이고 특목고를 가기로 마음먹고 있으니 공부를 더 열심히 해야 한다. 그렇기 때문에 무엇보다도 문제가 커지면 안 된다고 생각한다. 3명의 여학생 중 어느 누구에게도 마음을 주거나 마음의 상처를 주어서도 안 된다."라고 강조하면서,

"너는 그 일이 없었던 때로 돌아갔다고 생각하고, 그 여학생 3인 어느 누구에게도 특별한 언어 행동이 있어서는 안 되겠다. 아무 일도 없었던 것처럼 스스럼없이 편안하게 그냥 남자 친구와 다름없이 대하여라. 너는 그 일로 여러 가지 생각에 우왕좌왕해서는 안 되며, 여학생에 대한 관심을 아예 갖지 않도록 굳게 결심하여라. 네 앞길에는 특목고라는 천리만리의 길이 험하게 놓여 있다는 현실을 잘 인식하고…."라고 잘라 말했다.

사춘기는 어느 누구에게나 찾아오게 마련이다. 지혜롭지 못하게 사춘기의 늪에서 허우적대는 사람도 많다. 중3인 손자가 작금의 미국 토네이도와 같은 사춘기의 바람을 잘 극복하고 아무런 탈 없이 무사히 지나갈지는 미지수이다. 내가 보기에도 손자의 사춘기 바람은 생각보다 좀 드세고 파도가 심할 것 같아 쉽사리 가라앉기 힘들 것으로 예상된다. 할아버지로서는 심히 염려스런 마음 금할 길 없어 걱정이 태산이다.

다만 내가 안심할 수 있는 것은 손자의 인성에 대한 믿음이다. 손자는 마음씨가 몹시 착하고 부모의 말을 거역하는 경우가 거의 없다. 반

에서 담임 선생님이 실시한 인성 평가 투표에서도 손자가 가장 높은 점수를 받았다고 한다. 공부도 전교 1-2등을 하고 운동을 즐기며 축구, 농구 실력도 월등한 편이다. 이러한 모든 상황을 감안하면, 손자는 이번 사춘기에 맞이해 여학생 친구들과의 벌어진 문제를 슬기롭고 아름답게 마무리 지을 것으로 보인다.

손자의 외대부고합격

엊그제 친손자 녀석이 외국어대학교부설고등학교에 합격하였다. 나는 친손녀가 경기외고에, 외손자가 미국스탠퍼드대학에 합격한 것보다 더 기뻤고 흥분의 도가니에 몰입함을 느꼈다. 나로선 '나의 대를 이을 놈의 일이라서 그런가?'라고 낡은 생각을 해보았으나 '아니다.'라고 자신에게 답했다.

손자 놈의 외대부고합격이 너무 신통방통한 면이 짙다. 왜냐하면 전부터 손자 놈이 특목고를 갈 수 있으리라고는 전혀 기대를 안 했기 때문이다. 그래서 나에게 기쁨과 환희를 더 배가시켜준 것이라 하겠다.

원래 손자는 공부하고는 거리가 먼 놈이었다. 중학교 1학년까지만 해도 반에서 성적이 항상 절반 이하에서 왔다 갔다 했다. 공부보다는 인성이 좋고 건강하니까 괜찮다고 늘 그렇게 생각했다. 손자는 운동을 좋아하고 친구들과 놀기를 엄청 좋아하며, 누구보다도 먹성이 좋아 건강하게 잘 자랐다. 그러면 모든 게 OK라는 생각을 갖고 지켜보았다.

중학교 2학년이 되자 손자 놈의 태도가 확 달라졌다. 의외의 자기 성찰로 독서에 열중하고 신문을 읽으며 학교 공부를 열심히 하기 시작했다. 금세 성적이 상위권으로 오르더니 반에서, 전교에서 1-2등을 다투는 학생으로 변모하는 것이었다. 이게 웬일인가…? 그놈이 천지 개벽이라도 하였나…? 별생각을 다 해 보았지만 본인의 끊임없는 자기 성찰의 반복에서 그런 결과를 가져온 것이라고 생각했다.

그 옛날 내가 고등학교 다니던 시절 전국에서 전교1-2등의 학생만 가던 고등학교가 경기고등학교였다. 그 학교에 버금가는 수준의 학교가 지금은 외대부고라 한다. 나는 그렇게 열심히 공부를 못 해 봐서 모를 일이지만, 아무튼 1등급학교에 입학하는 것도 어렵겠지만 입교 후 최고의 성적을 유지하는 것은 더 힘들 것이다.

손자의 원서와 자소서를 제출하러 2번 외대부고에 갔다. 학교 건물, 운동장, 기숙사 등 캠퍼스의 위치와 환경이 그야말로 최상의 조건을 갖춘 학교로 보였다. 이 학교에 다니는 학생은 우선 자연환경 면에서 복을 받았다고 할 정도로 '꿈의 보금자리' 같은 느낌을 받았다. '저 곳에서 친구들과 마음껏 공부하고 마음껏 뛰어놀며 기숙사생활을 한다면 얼마나 좋을까…?'라고 생각한 게 현실이 되었다.

난 손자의 면접시험을 준비하는 데 일익을 담당했다. 모의 면접관이 되어 질의응답을 해 보았다. 학원에도 다니고 아들과 같이 준비를 했다고 하여 학교에 낼 자소서를 갖고 질문을 하고 답을 들었다. 난

중학교 3학년의 실력이 이렇게 발전했는지 처음 알았다. '이 정도는 되어야 특목고 시험을 보는 것이구나' 생각했다. 그야말로 실력을 갖춘 대학생이 답하는 격이었다.

아…!! 우리나라가 이래서 발전했구나, 라는 나만의 일종의 자괴감에 머릿속에 오는 혼돈을 지우려고 노력했다. 세계 10대 경제 대국이 거저 되는 것은 아니었구나. 이렇게 노력하고 공부 열심히 하는 청소년들이 주류를 이루고 있기에 나라의 미래가 밝다는 희망을 또한 가져 본다.

설 연휴를 보내고

이번 설 연휴는 5일이나 되는 긴 휴무였다. 나와 같은 연대의 사람은 연휴와는 별무하지만 설인지라 자식들과의 관계가 어쩔 수 없이 전과 대동소이하게 이어졌다.

자식들한테 용돈과 선물도 받았고 세뱃돈도 나누어 주었고 떡국도 먹었고 조상의 묘도 찾아뵈었다. 여느 해와 별차 없이 나날은 보냈고 특별한 일도 없었는데, 더욱이 새해 첫날 모처럼 함박눈이 펑펑 날려 새해를 축복했건만 마음은 싱숭생숭 즐겁다거나 신통치가 못했다.

내 나이 탓이려니 했다. 아마 노쇠에 따른 몸의 컨디션 저하와 밀접한 관계가 있었나 싶었다. 그렇게 생각하니 마음이 편했다. 그러나 그게 아니라고 머리를 좌우로 흔들 수밖에 없었다. 아니면 요즘 정치권의 혼란, 물가오름세, 자식들의 자세변화 등으로 인해 잡다한 영향을 받은 결과일까…? 이도저도 아닌 것 같다. 내 자신의 다른 욕심이 작용해서 꼼짝달싹 못해서일 것 같다.

무엇보다도 친구들의 건강 악화가 내 마음을 우울하게 만들었다.

그것도 가까운 고교 반창회 두 친구의 갑작스러운 쓰러짐이었다. 한 친구는 대동맥이 파열되어 생과 사의 경지를 헤매었다. 병원에서 퇴원했으나 온전치가 못하다. 다른 한 친구는 낙상 사고를 당하였다. 허리와 손가락에 상처를 입어 한 달여 동안 꼼짝도 못했다 한다. 지금은 어느 정도 회복되어 통화는 할 수 있다.

두 친구는 10여 명 넘게 만나는 반창회 친구들 중 가장 건강한 편이었다. 술도 잘 먹고 인물도 잘생겨 그 옛날엔 여자들에게 인기도 좋았다. 이제 그 친구들의 처지를 보니 화려했던 좋은 시절의 옛 부귀영화(富貴榮華)는 이제 그 그림자마저 자취를 감춘 것이나 다름없다. 어떻게 보면 삶의 종착역에 도착한 셈이다. 돈도, 보약도, 운동도, 이젠 한낱 부질없는 꿈으로 전락해버리고 말았다.

어느 날 노인에겐 낙상이나 3대 질병(암, 치매, 뇌졸중)이 갑자기 나타난다. 물론 쌓이고 쌓인 질병들이 어느 순간 나타난 결과이기도 하다. 때문에 어느 노인이라도 이 경우에서 자유롭지 못함은 스스로 느끼고 산다. 오늘이 될지, 내일에 찾아올지, 아무도 그 누구도 모르고 있을 뿐이다.

삶과 죽음은 서로 맞물려 있듯이 "죽음은 새로운 삶의 시작"(법정 스님)이며 "죽음은 귀향이다. 싫어할 것이 없다"(장자)고 했다. 죽음을 걱정할 필요도 없고 두려워할 대상도 아니라는 것이다.

오늘도 먼 산 산자락엔 어김없이 붉은 태양의 모습이 저녁노을에 들썩이며 얹히어 있다. 내일이면 또 태양은 동쪽 산언저리에 불쑥 솟아오른다. 곧 입춘(立春)이 지나고 봄이 온다. 겨우내 죽음으로 뒤덮이던 삼라만상이 다시 새싹으로 회귀(回歸)하여 본래의 제자리를 찾고 살아난다. 나도 이젠 우울감을 훌훌 뿌리부터 떨쳐내고 새 기분으로 나를 찾아 본래의 나로 돌아가도록 하자.

코로나와 노인의 생명

코로나19 감염세가 도처에서 기승을 부리고 있다. 환자 수도 기하급수적으로 대폭 증가하고 있으며 그 기세에 사망자가 대폭 증가하고 있다. 주변의 가족, 친지, 친구들도 이곳저곳의 우후죽순 격으로 코로나 양성의 진단을 받아 앓고 있거나 격리가 끝났음을 알리고 있다.

정부는 코로나 관리, 감독의 끈을 서서히 놓더니 이제는 나 몰라라 하는 것인지, 각자 알아서 각자도생(各自圖生)하라는 것인지 모든 것을 다 풀어놓는 것 같다. 세계 제1의 K방역 국가임을 자랑하던 것이 어제였는데, 세계 제일의 코로나 환자 발생국이 되었다고 하니…. 어찌된 일인지, 어느 게 진실인지 도무지 알다가도 모를 일이다.

건강한 사람, 젊은 사람은 코로나에 감염되어도 그냥 지나가거나 가벼운 감기 정도로 끝나고 있음을 본다. 그러나 어느 사람은 코로나로 죽기도 하고 몇 개월씩 후유증에 시달리고 있는 사람도 많다. 노인의 경우는 더 심하고 험난(險難)하다. 잘못하면 황천길로 가고 있음이 현실이고 사실이다.

이렇든 저렇든 코로나로 인해 노인들은 살아있는 사람이라도 어느 세대의 사람들보다 외롭고 지쳐있다. 갈 곳도 없고 만날 사람도 거의 없는 형편이다. 더욱이 사회에서 가정에서 왕따만 당하고 있는 신세이고 코로나 자체가 무섭고 두렵기만 하다. 혹시 친구에게 만나자고 해서 코로나에 걸리기라도 하면…? 더욱더 증폭된 염려와 불안감 때문에 노인들이야말로 정말 친구 만나기가 겁난다.

우리나라는 높은 예방 접종률, 공중 보건 시스템, 국민의 협조 정신 등 코로나 대응 체제에서 다른 나라에 비해 매우 우월한 편이다. 특히 모든 개개인이 마스크를 착용하는 문제에서는 타의 추종을 불허할 정도로 착실하고 우수한 게 분명하다. 그런데 왜 이렇게 코로나가 만연하고, 사망자가 대폭 증가하고 있는지…? 누구의 책임인가를 묻지 않을 수 없다.

코로나로 인한 사망자의 대부분은 고령층 노인들이다. 살 만큼 산 노인들이 '가는 것'이라고 지적한다면 할 말을 잃고 만다. 그들은 내 할아버지이고 할머니이고 우리들이다. 6.25전쟁을 겪었고, 4.19혁명의 주도 세력이었으며 우리나라 경제 발전, 선진국 진입의 주역들이다.

누가 그 노인들의 생의 마지막을 이렇게 헛되이 무의미하게 처량하게 가게 하는지, 삶의 아름다움도 죽음의 존엄성도 없이 버려진 채 가는 꼴이다. 노인들, 코로나 사망자의 입장에서는 너무 분하고 원통할 뿐이다. 노인들의 황당한 죽음의 연속은 누구의 책임인지…? 하늘에 대고 묻고 싶은 질문이다.